HANS-HEINRICH JESCHECK

Pressefreiheit und militärisches Staatsgeheimnis

SCHRIFTENREIHE
DER JURISTISCHEN GESELLSCHAFT e.V.
BERLIN

Heft 16

Berlin 1964

WALTER DE GRUYTER & CO.

vormals G. J. Göschen'sche Verlagshandlung · J. Guttentag, Verlagsbuchhandlung
Georg Reimer · Karl J. Trübner · Veit & Comp.

Pressefreiheit
und militärisches Staatsgeheimnis

Von

Dr. Hans-Heinrich Jescheck

Professor an der Universität Freiburg i. Br.

Vortrag
gehalten vor der
Berliner Juristischen Gesellschaft
am 11. Oktober 1963

Berlin 1964

WALTER DE GRUYTER & CO.

vorm. G. J. Göschen'sche Verlagshandlung · J. Guttentag, Verlagsbuchhandlung
Georg Reimer · Karl J. Trübner · Veit & Comp.

Archiv-Nr. 2727643/4
Satz und Druck: Berliner Buchdruckerei „Union“ GmbH, Berlin 61

Das Thema „Pressefreiheit und militärisches Staatsgeheimnis" habe ich auf Wunsch Ihrer Gesellschaft dem politischen Strafrecht entnommen. Mit der Anregung, dieses Gebiet für meinen Vortrag auszuwählen, wurde mir keine leichte Aufgabe gestellt, denn das politische Strafrecht gehört bekanntlich zu den umstrittensten Materien meines Fachs. Hier steht nicht der im Prinzip von jedermann gutgeheißene Kampf gegen das Verbrechertum schlechthin zur Debatte, sondern der Schutz des Staates selbst in seinem Verhältnis zum politischen Gegner und zur Welt der anderen Staaten. Innerhalb der bewegten Atmosphäre des politischen Strafrechts ist das Verhältnis von Pressefreiheit und militärischem Geheimnisschutz wiederum ein Hauptstreitpunkt, weil in der Demokratie die offene politische Auseinandersetzung nicht vor der Verteidigungspolitik haltmachen darf, zugleich aber auch der demokratische Staat nicht ohne den Schutz seiner Landesverteidigung auskommen kann. Wir betreten hier die Arena des politischen Kampfes, wo die sachlichen Argumente in der Hitze des Gefechts oft genug überhört oder beiseite gedrängt werden.

Diese uns allen geläufige Beobachtung veranlaßt mich zu einer Vorbemerkung über die Absicht, die ich mit meinen Ausführungen verfolge. Wenn man Diskussionen über politisches Strafrecht beiwohnt, wie sie heute bei uns üblich geworden sind, so muß man meist erleben — ganz gleich ob es sich um Regierungsanhänger oder Oppositionelle, um Politiker oder Wähler, um Professoren oder Studenten, um Juristen oder Publizisten, um wissenschaftliche Aufsätze oder Prozeßschriften handelt — daß alsbald politische, historische und persönliche Gefühlsäußerungen allgemeiner Art an die Stelle der sachgebundenen Aussprache treten. Kennzeichnend dafür sind die Bitterkeit, ja manchmal Gehässigkeit des Ausdrucks, der versteckte Vorwurf der politischen Vergangenheit, die Verdächtigung der Motive des staatlichen Handelns, die Kassandrarufe und moralischen Beschuldigungen. Alles das hängt mit dem vielfachen Unglück unserer politischen Geschichte in den letzten 50 Jahren zusammen, das bei jedem Deutschen, der sich eingesetzt und mit dem Ganzen mehr oder weniger identifiziert hat, Vorurteile, schmerzhafte Wunden und entsprechende Reizbarkeit hinterlassen mußte. Obwohl ich mich selbst von solchen Emotionen keineswegs ausgenommen fühle, möchte ich doch versuchen, meinen Vortrag von diesem Stil der Auseinandersetzung freizuhalten, um einer sachlichen Behandlung des Themas den Weg zu ebnen, die sich streng im Rahmen der juristischen Diskussion hält. Eine Aussprache auf dieser Ebene setzt freilich voraus, daß man bereit ist, dem Kaiser zu geben, was des Kaisers ist. Hierzu würde ich vor allem rechnen die Anerkennung der auch in der Demokratie notwendigen Staatsautorität als für alle verbindlichen Grundwert und die Hinnahme der maßgeblichen politischen Entscheidungen der verfassungsmäßig bestellten Regierung als Rahmen jeder Aussprache über politisches Strafrecht. Es hätte keinen Sinn, in eine Debatte über unser Thema einzutreten, wenn eigentlich ganz andere Dinge gemeint wären, etwa die Entscheidung für die militärische Bewaffnung der Bundesrepublik überhaupt oder der Beitritt zum westlichen Bündnis als solcher oder die Bereitschaft zur Verteidigung mit Atomwaffen im Prinzip. Wer sich die Regierungspolitik in dieser Richtung zur Zielscheibe nehmen will, möge dazu seine Stimme erheben. Hier soll dagegen auf dem Boden einer gegebenen politischen Gesamtsituation ein juristisches Problem mit juristischen Mitteln behandelt werden.

Anlaß für die Wahl des Themas ist natürlich die Einleitung des Ermittlungsverfahrens gegen den „Spiegel" gewesen. Zugrunde liegt ihm der bekannte Artikel „Bedingt abwehrbereit" vom 8. Oktober 1962, in dem gewisse Annahmen und Ergebnisse der unter dem Decknamen „Fallex 1962" bekannten Stabsrahmenübung der NATO der Öffentlichkeit mitgeteilt worden sind. Ich möchte jedoch zu den besonderen Fragen des Spiegelprozesses hier nicht Stellung nehmen, da es sich um ein schwebendes Verfahren handelt und mir auch bestimmte Tatsachen, die man zur Beurteilung der Rechtsfragen des Falles kennen muß, nicht zugänglich waren. Meine Absicht ist es vielmehr, die allgemeinen juristischen Probleme im Spannungsfeld von Pressefreiheit und militärischem Staatsgeheimnis, die durch das Spiegelverfahren aufgeworfen worden sind, unter dem Blickwinkel dieses konkreten Falles zu erörtern. Dabei will ich zuerst grundsätzlich das Verhältnis von Pressefreiheit und militärischem Geheimnisschutz untersuchen (I). Danach soll geprüft werden, ob die einschlägigen Strafbestimmungen über den Landesverrat dem Grundgesetz entsprechen und ob sie gegebenenfalls, obwohl verfassungsmäßig, aus kriminalpolitischen Gründen reformiert werden sollten (II). Ein dritter Teil wird sich mit Sonderproblemen des publizistischen Landesverrats befassen, z. B. mit der sog. „Mosaiktheorie" und der Behandlung der „illegalen Staatsgeheimnisse" (III). Den Abschluß sollen prozeßrechtliche Fragen bilden wie die Mitwirkung im Strafverfahren von Angehörigen des Verteidigungsministeriums als Gutachtern und die Ausdehnung des Redaktionsgeheimnisses der Presse (IV).

Abgesehen von der aktuellen Bedeutung der hier auftretenden Rechtsfragen verdient das Thema auch in grundsätzlicher Hinsicht Beachtung. Wir haben es nämlich mit einem Musterbeispiel für die Ausstrahlung des Verfassungsrechts auf das Gesetzesrecht zu tun, die wir heute auf vielen Rechtsgebieten, besonders aber im Strafrecht beobachten — man braucht nur an den Einfluß des Grundrechts der Meinungsfreiheit auf die Wahrnehmung berechtigter Interessen (§ 193 StGB) im materiellen Strafrecht[1]) oder an die Auswirkungen des Anspruchs auf Gehör für die Stellung des Beschuldigten im Strafprozeß zu denken[2]).

Manche hier an sich einschlägige Fragen müssen beiseite bleiben. Insbesondere muß ich es mir versagen, über den Zentraltatbestand des Verrats und der Ausspähung von Staatsgeheimnissen hinaus die Vorschriften des Abschnitts Landesverrat einzeln durchzugehen. Auch die diplomatischen, nachrichtendienstlichen und wirtschaftlichen Staatsgeheimnisse können in unsere Betrachtung nicht einbezogen werden. Das Wesentliche wird, so hoffe ich, trotz der gebotenen Beschränkung auf den § 100 StGB und auf die militärischen Staatsgeheimnisse herauskommen.

---

[1]) Vgl. BVerfGE 12, 113, insbes. 125; ferner BGHSt 12, 287 und BGHZ 31, 308.

[2]) Vgl. BVerfGE 7, 275; 8, 89; 9, 89.

I.

Wir setzen mit unserer Betrachtung bei den Eckpfeilern des Themas, der Pressefreiheit und dem Schutz des militärischen Geheimnisses ein und fragen, welche rechtliche und tatsächliche Bedeutung beiden in der gegenwärtigen Lage der Bundesrepublik zukommt und wie ihr Verhältnis zueinander heute allgemein bestimmt werden kann.

1. Die Pressefreiheit ist bekanntlich in Art. 5 Abs. 1 Satz 2 GG als ein Grundrecht gewährleistet, das neben der Meinungsfreiheit steht. In der Weimarer Zeit wurde die Pressefreiheit meist nur als Unterfall der Meinungsfreiheit angesehen und in dem großen geistigen Zusammenhang der Gewissens- und Denkfreiheit als individuelles Grundrecht verstanden, nämlich als das subjektiv-öffentliche Recht des Einzelnen gegenüber dem Staat, seine Meinung ungehindert auch in der Form von Druckerzeugnissen äußern und verbreiten zu können[3]). In der modernen staatsrechtlichen Denkweise sind die Grundrechte jedoch, und mit ihnen vor allem die Pressefreiheit, über den Rahmen von subjektiv-öffentlichen Rechten weit hinausgewachsen und haben einen doppelten verfassungsrechtlichen Gehalt bekommen: neben die personenrechtliche Seite, die dem Grundrechtsinhaber in überlieferter Weise Befugnisse gegenüber der öffentlichen Gewalt und anderen sozialen Gruppen gewährt, ist die institutionelle Seite getreten[4]). Geschützt wird unter diesem Blickwinkel durch das Grundrecht nicht bloß die persönliche Be-

---

[3]) Vgl. Smend, Das Problem der Presse in der heutigen geistigen Lage (1946) in: Staatsrechtliche Abhandlungen 1955, S. 389; Ridder, Meinungsfreiheit, in: Neumann-Nipperdey-Scheuner, Die Grundrechte, Bd. II, 1954, S. 250; v. Mangoldt-Klein, Das Bonner Grundgesetz, Bd. I, 2. Aufl. 1957, Art. 5 Anm. VI S. 243 ff. Vgl. auch die berühmte Formulierung in Art. 11 der französischen Erklärung der Menschen- und Bürgerrechte von 1789: „La libre communication des pensées et des opinions est un des droits les plus précieux de l'homme; tout citoyen peut donc parler, écrir, imprimer librement sauf à répondre de l'abus de cette liberté dans les cas déterminés par la loi".

[4]) Vgl. Häberle, Die Wesensgehaltsgarantie des Art. 19 Abs. 2 Grundgesetz, 1962, S. 70 ff.

rechtigung des Einzelnen, sondern ein ganzer freiheitlich gestalteter, menschlicher und sozialer Lebensbereich als Bestandteil der verfassungsmäßigen Ordnung des Volkes[5]). Das bedeutet, daß der volle Gehalt des Grundrechts im Falle der Presse nur dann in Erscheinung treten kann, wenn man sich entschließt, ihren gesamten Betrieb (unter Einschluß der Nachrichtenagenturen und Pressedienste) von der Beschaffung der Information über die innere Organisation des Apparats bis hin zur Verbreitung der Nachrichten und Meinungen als durch das Grundrecht mit geschützt anzusehen[6]).

Die Auffassung der freien Presse als einer Einrichtung der verfassungsmäßigen Gesamtordnung ist heute im staatsrechtlichen Schrifttum[7]) herrschend geworden und hat vor allem auch in der Rechtsprechung des Bundesverfassungsgerichts[8]) und des Bundesgerichtshofs[9]) Anerkennung gefunden. Für den, der außerhalb der verfassungsrechtlichen Diskussion steht, hat diese Betrachtungsweise schon deswegen viel für sich, weil das Staatsvolk in einer Demokratie, in der es der Souverän ist und ernst genommen wird, auch die unbeschränkte Möglichkeit haben muß, die Staatsgewalt in Wahlen und Abstimmungen (direkt) wie durch verfassungsmäßig kontrollierte Organe (indirekt) sinnvoll auszuüben (Art. 20 Abs. 2 GG). Nur eine ausreichend differenzierte Presse macht eine durch Information, Prüfung und Kritik bestimmte, lebendige Verbindung zwischen dem Volk und seinem Repräsentanten möglich, ebenso wie die Gerichtsberichterstattung für die Strafrechtspflege einen wesentlichen Teil dessen leistet, was man Generalprävention nennt[10]). Mit Rücksicht auf die Staatsform also hat die Presse neben den Parteien in der Mitwirkung an der Meinungs-

---

5) Vgl. Hesse, Die verfassungsrechtliche Stellung der politischen Parteien im modernen Staat, in: Veröffentlichungen der Vereinigung der deutschen Staatsrechtslehrer 17 (1959) S. 32.

6) Vgl. Franz Schneider, Presse- und Meinungsfreiheit nach dem Grundgesetz, 1962, S. 108 ff.

7) Vgl. Scheuner, Die institutionellen Garantien des Grundgesetzes, in: Recht — Staat — Wirtschaft, Bd. IV, 1953, S. 106 ff.; Löffler, Presserecht, 1955, S. 59 ff.; Geiger, Das Grundrecht der Pressefreiheit, in: Forster, Die Funktion der Presse im demokratischen Staat, 1958, S. 14 ff.; Mallmann, Pressefreiheit und Journalistenrecht, Publizistik 1959, S. 328 ff.

8) BVerfGE 5, 85 [205]; 7, 198 [208]; 10, 118 [121]; 12, 113 [130].

9) BGHZ 31, 312; BGHSt 12, 293; BGH v. 22. 11. 1962 in: Bulletin der Bunderegierung 1962 Nr. 218 S. 1854.

10) Vgl. Jescheck, Die Bedeutung der Öffentlichkeit für die moderne Kriminalpolitik, ZStW 71 (1959) 6.

bildung jene große öffentliche Aufgabe gewonnen, die weit über die Ausübung einer individuellen Grundrechtsbefugnis hinausgreift und für die freiheitliche Demokratie „schlechthin konstituierend" ist (BVerfGerE 7, 208). Mit Recht sagt in diesem Sinne schon Art. 111 der bayer. Verfassung von 1946: „Die Presse hat die Aufgabe, im Dienste des demokratischen Gedankens über Vorgänge, Zustände, Einrichtungen und Persönlichkeiten des öffentlichen Lebens wahrheitsgemäß zu berichten". Daß damit auch Presseerzeugnisse geschützt werden, die diesen Schutz nicht verdienen, ja geradezu bekämpft werden müssen, weil sie die gute Ordnung im Volke gefährden, muß man in Kauf nehmen, denn die Pressefreiheit läßt eine Unterscheidung nach der Qualität des Gebotenen ebensowenig zu wie die Lehrfreiheit. Die Auffassung der Presse als einer verfassungsmäßig garantierten Institution der freiheitlichen Demokratie soll somit unseren weiteren Überlegungen zugrunde gelegt werden. Sie ist nicht nur eine theoretische Lehrmeinung, sondern hat praktische Konsequenzen, die aus einem individualrechtlich verstandenen Grundrecht nicht ohne weiteres abgeleitet werden könnten. Zu diesen Konsequenzen ist vor allem die Wahrheitspflicht und die daraus folgende Pflicht zu gewissenhafter Prüfung der zur Verbreitung gelangenden Nachrichten zu rechnen[11]). Aber auch bei der Grenzziehung zwischen der Pressefreiheit und anderen konkurrierenden Verfassungsgütern, mit anderen Worten gerade auch im Falle des uns hier beschäftigenden Verhältnisses zum militärischen Geheimnisschutz, spielt es eine entscheidende Rolle, daß die Pressefreiheit als Einrichtung der verfassungsmäßigen Ordnung betrachtet wird, denn sie kann dann durch andere gleich- oder höherwertige Rechtsgüter der Gesamtheit nicht für bestimmte Bereiche gänzlich aufgehoben, sondern muß diesen Rechtsgütern in einer jeweils zu findenden Synthese zugeordnet werden.

Auch über den Inhalt der Pressefreiheit besteht heute im wesentlichen Einigkeit[12]). Die Presseunternehmungen und die in ihnen tätigen Einzelpersonen sind berechtigt, sich aus allen frei zugänglichen Quellen ungehindert Informationen zu verschaffen, ihren inneren Betrieb nach eigenem Ermessen zu gestalten und an

---

[11]) BVerfGerE 12, 130; BGHZ 31, 318.

[12]) Vgl. Löffler a.a.O. S. 3 ff.; Mallmann a.a.O. S. 330 f., insbesondere über das Verhältnis von publizistischer und geschäftlicher Seite des Pressebetriebes.

der Meinungsbildung unter dem Schutz der Anonymität der Presse durch Übermittlung von Nachrichten und Mitteilungen eigener und fremder Ansichten jederzeit mitzuwirken. Gegenstand von grundrechtlich geschützten Presseäußerungen muß, wie bereits einleitend gesagt, auch die Verteidigungspolitik sein können, da sie schon wegen ihrer weittragenden außen- und wirtschaftspolitischen Rückwirkungen einen zentralen Faktor jeder Regierungspolitik bildet. So hoch nach alledem die Aufgabe der Presse in der Demokratie auch einzuschätzen ist, so muß man sich doch vor fehlerhaften Übertreibungen hüten. Die Presse ist weder die vierte Gewalt im Staat neben Gesetzgebung, vollziehender Gewalt und Rechtsprechung[13]), noch kann sie in ihrer Stellung den Parteien gleichgesetzt werden[14]). Für die erste Annahme fehlt der Presse eine zur effektiven Selbstkontrolle ausreichende rechtliche Eigenstruktur, wie sie etwa der öffentliche Dienst in seinen Auswahlprinzipien und Disziplinarvorschriften besitzt; die zweite übersieht, daß die Parteien unmittelbar an der politischen Macht und Entscheidungsbildung teilhaben sollen, was der Presse gerade versagt bleiben muß. Die Presse gehört eindeutig zu den nichtstaatlichen Bildungen; sie genießt als solche eine verfassungsrechtlich geschützte Freiheit zum Zwecke der Entfaltung von privater Initiative, und nur so ist diese Freiheit überhaupt zu rechtfertigen.

2. Was bleibt aber, nachdem wir die Stellung der Presse so stark ausgebaut haben, für den militärischen Geheimbereich? Die Landesverteidigung ist ebenfalls eine durch die Verfassung geschaffene und geschützte Einrichtung der Bundesrepublik. Der Verfassungsgesetzgeber hat sich durch eine eindrucksvolle Zahl von zum Teil neuartigen Vorschriften bemüht, die Bundeswehr, nachdem sie entgegen aller Voraussicht um die Mitte der fünfziger Jahre geschaffen werden mußte, vollständig in den Aufbau und Geist des freiheitlichen Rechtsstaats einzufügen (vgl. z. B. Art. 17 a, 26, 45 a u. b, 59 a, 65 a, 73 Nr. 1, 87 a u. b, 96 a GG)[14a]). Daß auch die Demokratie ohne militärische Kraft und

---

13) So Löffler a.a.O. S. 6 und Maihofer, Pressefreiheit und Landesverrat, Blätter für deutsche und internationale Politik, 1963, Heft 1 u. 2, S. 7.

14) So Ridder a.a.O. S. 270.

14a) Vgl. Hahnenfeld, Bundestag und Bundeswehr, NJW 1963, 2145 ff.

Entschlossenheit nicht bestehen kann, dafür sind, wenn jemand daran gezweifelt haben sollte, einerseits die Abwehr des Berlin-Ultimatums und die Wendung in der Kuba-Krise, andererseits das Schicksal Indiens im Konflikt mit China in unseren Tagen unübersehbare Zeugnisse gewesen; auch die gegenwärtig so vielversprechend anlaufende Politik der Entspannung ist nur möglich geworden, weil sich die andere Seite davon überzeugt hat, daß der Westen im Falle eines Angriffs kämpfen würde und könnte. Zur Landesverteidigung gehört aber untrennbar die Wahrung des militärischen Geheimbereichs[15]). Trotz der Publizität, von der die öffentlichen Einrichtungen in der Demokratie umgeben sein müssen, kann auf den strafrechtlichen Schutz der militärischen Staatsgeheimnisse in gewissen Grenzen nicht verzichtet werden, weil es auf den optimalen Bestand beider Verfassungsgüter ankommt. Daß auch die großen Demokratien dieser Überzeugung sind, zeigt das Beispiel der ehemaligen westlichen Besatzungsmächte, die trotz aller Vorliebe für die Pressefreiheit der Bundesrepublik ihre Souveränität im Jahre 1955 erst zurückgegeben haben, nachdem durch besondere Strafbestimmungen des Anhangs A zum Truppenvertrag (§§ 1—6) der Schutz ihrer militärischen Geheimnisse auch gegen Presseveröffentlichungen vorläufig sichergestellt worden war[16]).

Über die Landesverratsvorschriften des geltenden Strafrechts brauche ich nur wenige Bemerkungen zu machen. Sie sind durch das Erste Strafrechtsänderungsgesetz vom Jahre 1951 eingeführt worden, stützen sich aber auf die im Rahmen der Strafrechtsreform vor 1933 geleisteten Vorarbeiten, die seinerzeit in zwei Strafrechtsausschüssen des Reichstags durchberaten worden sind[17]). Landesverrat ist die Beeinträchtigung der Machtstellung des eigenen Staates gegenüber fremden Staaten, also nicht bloß der Verrat von Staatsgeheimnissen[18]). Praktisch liegt der Schwerpunkt aber beim

---

[15]) Mittelbach, Das Staatsgeheimnis und sein Verrat, JR 1953, 288.

[16]) Vgl. Jescheck, Das Strafrecht nach dem Truppenvertrag, ZStW 65 (1953) 302 ff.

[17]) Vgl. Schafheutle, Das Strafrechtsänderungsgesetz, JZ 1951, 616; v. Weber, Das Strafrechtsänderungsgesetz, MDR 1951, 518. Die Diskussion der Weimarer Zeit spiegelt sich in den Ausführungen des Berichterstatters Dr. Bell im 21. Ausschuß des Reichstags wieder, die dem Rechtsausschuß des Bundestags in der Ausschuß-Drucksache Nr. 30 vom 30. 4. 1951 vorgelegen haben.

[18]) Vgl. zum folgenden Kern, Der Strafschutz des Staates und seine Problematik, 1963, S. 27; Herbert Arndt, Die landesverräterische Geheimnisverletzung, ZStW 66 (1954) 41 ff.

Geheimnisschutz und hier wiederum beim Schutz der militärischen Angelegenheiten. Die zentrale Strafbestimmung ist der § 100 StGB, der zwei Tatbestände enthält, den Verrat und die Ausspähung von Staatsgeheimnissen. Ergänzt wird § 100 durch den § 99 StGB, der die Begriffsbestimmungen des Staatsgeheimnisses und der Verratshandlung bringt. Charakteristisch ist die materielle Fassung des Geheimnisbegriffs, wonach auf die sachliche Bedeutung der Nachricht und ihre Geheimhaltungsbedürftigkeit abzustellen ist, nicht dagegen auf die „formelle Sekretur" einer Behörde. Landesverrat begeht nach dem Grundtatbestand, wer vorsätzlich ein Staatsgeheimnis an einen Unbefugten gelangen läßt oder öffentlich bekanntmacht und dadurch das Wohl der Bundesrepublik Deutschland oder eines ihrer Länder gefährdet. Bemerkenswert ist für unseren Zusammenhang weiter, daß der Verrat eines bezahlten Agenten unmittelbar neben der öffentlichen Mitteilung von Staatsgeheimnissen genannt wird und daß die Strafdrohung auch für den Journalisten, der politische Absichten verfolgt, nur Zuchthaus ohne Milderungsmöglichkeit vorsieht. Eine konkrete Gefährdung des Bundeswohls, wie sie unsere Strafvorschrift voraussetzt, liegt nach überlieferten Grundsätzen der Rechtsprechung nur dann vor, wenn es sich um Angelegenheiten von Bedeutung handelt, und darauf hat sich auch der Vorsatz des Täters zu erstrecken[19]). Ein kleinlicher Kampf gegen den unbequemen Journalisten mit dem Mittel der Verfolgung von Bagatellveröffentlichungen würde also, ganz abgesehen von der Pressefreiheit, schon dem klaren Sinn der Landesverratsvorschriften widersprechen. Nach Abs. 2 ist die Ausspähung von Staatsgeheimnissen in Verratsabsicht als besonders gefährliche Vorbereitungshandlung selbständig unter Strafe gestellt; auch hier hat der Gesetzgeber zwischen dem bezahlten Agenten und dem verantwortungsbewußten Journalisten nicht unterschieden.

In Abs. 3 folgt das als „lex v. Ossietzky" bekannte Privileg, das dem Abgeordneten das Recht gibt, illegale Zustände im Bundestag zu rügen, auch soweit dadurch Staatsgeheimnisse offenbart werden. Die Vorschrift ist erst in der dritten Lesung eingeführt

---

[19]) Vgl. Denkschrift der Reichsanwaltschaft „Der Landesverrat in der Rechtsprechung des Reichsgerichts", Drucksache Nr. 110 des 21. Ausschusses des Reichstags, IV. Wahlperiode, 1928, S. 22. Der Entwurf des Strafgesetzbuchs (E 1962) Begründung S. 582 verlangt sogar, „daß es sich um Angelegenheiten von erheblicher Bedeutung handeln muß" (Hervorhebung vom Verf.).

worden, um für die Annahme des Gesetzes eine breite Mehrheit zu sichern[20]). Militärische Geheimnisse der Stationierungsmächte sind nach Inkrafttreten des NATO-Truppenstatuts für die Bundesrepublik jetzt gemäß Art. 7 Abs. 1 Nr. 1 des Vierten Strafrechtsänderungsgesetzes den deutschen Staatsgeheimnissen i. S. der §§ 99, 100 StGB gleichgestellt, doch gilt hier nicht ein materieller, sondern ein faktischer Geheimnisbegriff: es kommt nämlich darauf an, ob die betreffenden Tatsachen von den Dienststellen der Vertragsstaaten tatsächlich geheimgehalten werden[21]). NATO-Geheimnisse werden nach der Rechtsprechung dann den deutschen Staatsgeheimnissen gleichgestellt, wenn sie zugleich dem Schutz der Bundesrepublik dienen, den deutschen Organen anvertraut sind und von diesen kraft ihrer Obliegenheiten gewahrt werden müssen (st. Rechtspr. seit BGHSt 6, 335). Der Entwurf eines Strafgesetzbuchs (E 1962) hat in allen diesen Punkten die Regelung des geltenden Rechts übernommen. Nur das Abgeordnetenprivileg wurde als überflüssig gestrichen, weil parlamentarische Äußerungen nach Art. 46 Abs. 1 GG ohnehin straflos sind und außerdem die Notstandsvorschriften ausreichend erschienen[22]).

3. In welcher Beziehung steht nun heute die Pressefreiheit zum Schutz des militärischen Geheimbereichs? Das Verhältnis der Strafvorschriften über den Landesverrat zur Pressefreiheit wurde früher relativ einfach gesehen. Die „allgemeinen Gesetze" bildeten nach Art. 118 WR die unübersteigbare Schranke der Meinungsfreiheit (RGSt 62, 67) und allgemeine Gesetze waren nach der herrschenden Auffassung Gesetze, die kein Sonderrecht gegen die Meinungsfreiheit enthielten, also auch alle Strafgesetze, sofern sie nicht bestimmte Meinungen als solche treffen wollten[23]). Schon

---

20) Vgl. die Erklärung des Berichterstatters Abg. Dr. Neumayer in der Sitzung des Deutschen Bundestags vom 11. Juli 1951, Stenogr. Berichte Bd. 8 S. 6484.

21) Vgl. Lange, Schutz der Landesverteidigung, Viertes Strafrechtsänderungsgesetz, 1957, S. 22; Lackner, Das Vierte Strafrechtsänderungsgesetz, JZ 1957, 405 f.

22) Vgl. hierzu Niederschriften über die Sitzungen der Großen Strafrechtskommission, 10. Bd. S. 200, 221 ff.

23) So vor allem Anschütz, Die Verfassung des Deutschen Reiches, 14. Aufl. 1933, Neudruck 1960, Art. 118, Anm. 3 u. 4; Rothenbücher, Das Recht der freien Meinungsäußerung, Veröffentlichungen der Vereinigung der deutschen Staatsrechtslehrer 4 (1928) S. 20; Denkschrift a.a.O. S. 37. Ähnlich heute Bettermann, Freiheit unter dem Gesetz, in: Freiheit als Problem der Wissenschaft, 1962, S. 74, wie sein Hinweis auf die „Schranke" des Art. 19 Abs. 2 GG anzeigt.

damals wurde freilich dieser formallogischen Betrachtungsweise der materielle Sinngehalt der Grundrechtsschranken entgegengehalten, wonach es ankommt auf „die Allgemeinheit derjenigen Gemeinschaftswerte, die als solche den ursprünglich individualistisch gedachten Grundrechtsbetätigungen gegenüber den Vorrang haben"[24]). Das Grundgesetz sagt, wenn man nur den Wortlaut des Art. 5 Abs. 2 betrachtet, an sich dasselbe wie die Weimarer Verfassung, aber die gewandelte Auslegung dieser Bestimmung zeigt den außerordentlichen Fortschritt, den das verfassungsrechtliche Denken seither in Richtung auf eine wirklich freiheitliche Ordnung gemacht hat. Im Anschluß an die eben erwähnte These von Smend wird heute angenommen, daß es dem Vorbehaltsgesetz keineswegs mehr ohne weiteres erlaubt ist, das Grundrecht gewissermaßen bis auf den Rest einer als Minimum verstandenen Wesensgehaltsgarantie i. S. von Art. 19 Abs. 2 GG zurückzuschneiden, sofern es nur „allgemein" ist[25]). Vielmehr müssen die allgemeinen Gesetze in ihrem Schutzzweck so ausgelegt werden, daß der besondere Wertgehalt des nicht mehr rein individualistisch verstandenen Grundrechts gewahrt bleibt. Ebensowenig kann aber andererseits die Garantie der Pressefreiheit im Sinne eines das Gleichgewicht der Staatsordnung zerstörenden verfassungsrechtlichen Maximaldenkens so verstanden werden, daß das Grundrecht das Wirksamwerden von Vorbehaltsgesetzen überhaupt verbiete[26]). „Es findet vielmehr" nach einem wegweisenden Ausspruch des Bundesverfassungsgerichts[27]), der vielfach Zustimmung gefunden hat[28]), „eine Wechselwirkung in dem Sinne statt, daß die ‚allgemeinen Gesetze' zwar dem Wortlaut nach dem Grundrecht Schranken setzen, andererseits aber aus der Erkenntnis der wertsetzenden Bedeutung dieses

[24]) So vor allem Smend, Das Recht der freien Meinungsäußerung, Veröffentlichungen der Vereinigung der deutschen Staatsrechtslehrer 4 (1928) S. 52.

[25]) BVerfGE 7, 208: die sachliche Reichweite der Pressefreiheit könne nicht „jeder Relativierung durch einfaches Gesetz" überlassen bleiben.

[26]) BVerfG NJW 1962, 2243 nimmt ausdrücklich Stellung gegen die Auffassung, daß die Pressefreiheit strafprozessuale Eingriffe unmöglich mache.

[27]) BVerfGerE 7, 209.

[28]) BVerfGerE 10, 118 [121]; 12, 113 [130]; BVerfGer NJW 1962, 2243; BVerfGer NJW 1963, 147, BGHSt 12, 293; BGHZ 31, 313. Güde, Probleme des politischen Strafrechts, 1957, S. 20; Kern a.a.O. S. 43; Heinemann, Der publizistische Landesverrat, NJW 1963, 5; Maihofer a.a.O. S. 5; Heinitz, JZ 1963, 569 (Bericht von Magdalena Hartmann).

Grundrechts im freiheitlich demokratischen Staat ausgelegt und so in ihrer das Grundrecht begrenzenden Wirkung selbst wieder eingeschränkt werden müssen". Es kommt also darauf an, die Pressefreiheit in das Ganze der von der Verfassung aufgerichteten Ordnung einzufügen und — wenn für den Bestand dieser Ordnung neben der Pressefreiheit noch andere Rechtsgüter unentbehrlich sind — eine Zuordnung durch Grenzziehung zu ereichen, die nach Sachlage für beide das beste herausholt. Die Frage kann somit nur sein, ob die Landesverteidigung zu den verfassungsrechtlich anerkannten, neben der Pressefreiheit gleichfalls unentbehrlichen Rechtsgütern gehört, durch die diese von vornherein begrenzt worden ist. Diese Frage ist nun aber, wenn wir unsere staatliche Existenz nicht selber aufgeben wollen, u n b e d i n g t z u b e j a h e n, und sie wird auch von maßgebenden Stimmen im Ausland, soweit diese Frage dort überhaupt je problematisch erschienen ist, keinen Augenblick in Zweifel gezogen[29]). Ebensowenig wie die freiheitliche Demokratie ohne Pressefreiheit bestehen könnte, könnte sie ohne Landesverteidigung leben; beides ist vielmehr in der Verfassung von vornherein angelegt und mitgedacht, so daß der eigentliche Gehalt der beiden Rechtsgüter im Konfliktsfalle nur aus ihrer gegenseitigen Zuordnung ermittelt werden kann[30]).

4. In dem uns hier beschäftigenden Zusammenhang bedeutet diese Zuordnung, daß ein Gleichgewicht zwischen Pressefreiheit und militärischem Geheimnisschutz hergestellt werden muß. Soweit ein für die Ausübung der politischen Rechte legitimes Informationsinteresse des Publikums besteht, müssen auch militärische Geheimnisse von geringerem Rang in der Presse ausgeprochen werden können, wenn das zur sachgemäßen (natürlich gerade auch kritischen) Erörterung der Verteidigungspolitik erforderlich erscheint. Ein bloßes Unterhaltungs- oder Sensationsinteresse, dessen Verfolgung an sich durch die Pressefreiheit als Individualrecht

---

[29]) Vgl. für die Schweiz N e f, Militärisches Geheimnis und öffentliche Aufklärung, Festgabe für Karl Weber, 1950, S. 106 ff; N e f, Der publizistische Geheimnisverrat und seine Behandlung in den demokratischen Ländern, Vortrag vom 12. Februar 1963 im deutschen Presseclub, Bonn, ZV + ZV 1963; F e l d m a n n, Pressefreiheit und Staatsschutz, Festgabe für Karl Weber, S. 18; für Italien N u v o l o n e, Cronaca (Libertà di), Enciclopedia del diritto, vol. XI, 1962, S. 428; für Großbritannien B l o m - C o o p e r in: R u g e, Landesverrat und Pressefreiheit, 1963, 60 f.

[30]) Ausführliche Darlegung der verfassungsrechtlichen Problematik bei H ä b e r l e a.a.O. S. 31 ff. u. S. 51 ff.

ebenfalls mit geschützt wäre[31]), müßte dagegen in diesem Zusammenhang zurücktreten, weil es bei der Grenzziehung auf die öffentliche Aufgabe der Presse in ihrer Eigenschaft als Einrichtung des Verfassungslebens ankommt[32]). So würde etwa ein bei einer Übung festgestellter Mangel in der Ausbildung der Truppe zum Gegenstand öffentlicher Pressekritik gemacht werden dürfen[33]), während die darüber erfolgende Mitteilung des Agenten an das Ausland in jedem Falle strafbar bliebe[34]). Tatsächlich werden auch in erstaunlich weitem Umfang militärische Geheimnisse in der westlichen Presse erörtert, man braucht nur an die unlängst geführte Diskussion über die Entwicklung eines gemeinsamen NATO-Panzers zu denken. Es ließen sich noch zahlreiche Beispiele für die besonders von den Amerikanern äußerst freimütig gehandhabte Pressepolitik in militärischen Angelegenheiten nennen, die zugleich zeigen würden, daß es bei der Grenzziehung auf die jeweilige Sachlage ankommt. Oft genug wird sich übrigens die Pflicht der Presse zur Information der Allgemeinheit über die Verteidigungspolitik ohne Mitteilung militärischer Einzelheiten sachgemäß erfüllen lassen, so daß das ganze Problem wesentlich auch eine Taktfrage ist[35]). Lebenswichtige militärische Geheimnisse sowie auch Geheimnisse von geringerer Bedeutung im Kriege und in Zeiten des Notstands müssen dagegen in jedem Falle, auch wenn ein legitimes Informationsinteresse der Öffentlichkeit an sich zu bejahen wäre, der Erörterung durch die Presse entzogen bleiben, weil mit der Bedrohung der Verteidigungsbereitschaft des demokratischen Staates auch die Pressefreiheit in ihren Grundfesten bedroht wäre. So hat z. B. Präsident Kennedy auf dem Höhepunkt der Kuba-Krise bestimmte Problemgruppen, zu denen auch konkrete militärische Tatsachen zählten, einem formellen strafrechtlichen Pu-

31) So mit Recht Adolf Arndt, NJW 1963, 194; zweifelhaft deswegen BGHSt 5, 22 u. 8, 379 bezüglich Werbeanzeigen.

32) Vgl. v. Mangoldt-Klein, Das Bonner Grundgesetz, Art. 5 Anm. VI 3; BGHSt 18, 187.

33) So auch Kern a.a.O. 43.

34) Bei den von Wagner, GA 1961, 131 ff. und 1963, 289 ff. veröffentlichten Zusammenstellungen dessen, was die Rechtsprechung im letzten Jahrzehnt als Staatsgeheimnis angesehen hat, muß man bedenken, daß es sich hier durchweg um Agententätigkeit handelte. Das ist gegen die Bemerkung Adolf Arndts, NJW 1963, 469 von den „erstaunlich unverständlichen Ergebnissen der Rechtsprechung" zu sagen.

35) Darauf wird mit Recht immer wieder hingewiesen; vgl. Kern a.a.O. S. 43 f; Adolf Arndt a.a.O. S. 467 Anm. 15 a; Stree, Zur Problematik des publizistischen Landesverrats, JZ 1963, 530 Anm. 28.

blikationsschutz unterstellt[36]). Soweit keine formelle Sekretur stattfindet, ist für die Presse die Grenzziehung freilich schwer zu erkennen, und darin besteht ein wesentlicher Mangel für die Rechtssicherheit. Er läßt sich teilweise beheben durch Einrichtung von Kontaktstellen für die Presse, wie sie in Großbritannien und Amerika während des Krieges gut funktioniert haben[37]). Aber schon im Frieden wäre es vielleicht zu empfehlen, die Presse durch ein paritätisch besetztes Informationsbüro in nicht bindender Weise darüber zu unterrichten, wo die Grenzen verlaufen. Lebenswichtige militärische Geheimnisse dürfen jedenfalls auch in der Demokratie nur im Verteidigungsausschuß des Parlaments als der Vertretung des Gesamtvolkes erörtert werden. Sie sind keineswegs den Militärs vorbehalten, aber der öffentlichen Aussprache entzogen. Wollte die Bundesrepublik an dieser Grenze nicht festhalten, so wäre der Schaden für das Ganze der freien Welt unermeßlich: es würde nämlich die integrierte Militärpolitik der NATO unmöglich werden, da die anderen Partner gar nicht daran denken, ihre Sicherheitsinteressen unseren verfassungsrechtlichen Maximalvorstellungen zu opfern.

5. Strafrechtlich bedeutet die Herstellung des Gleichgewichts von Pressefreiheit und militärischem Geheimnisschutz, daß die Informationspflicht der Presse in den soeben abgesteckten Grenzen einen Rechtfertigungsgrund bildet, der nach den Grundsätzen über den Notstand zu behandeln ist. Es gibt dagegen m. E. kein zutreffendes Bild der Sache, wenn man sagt, daß in den Fällen der Notwendigkeit öffentlicher Information über bestimmte Punkte der Verteidigungspolitik das Wohl der Bundesrepublik gar nicht betroffen sei[38]). Vielmehr ist es so, daß in einer solchen Konfliktsituation das Wohl der Bundesrepublik im Bereich der militärischen Sicherheit zugunsten eines anderen Wohls, nämlich der für die Mei-

[36]) Das bedenkliche Experiment Eisenhowers (vgl. Kreuzzug in Europa, Deutsche Ausgabe von „Crusade in Europe", 1948, S. 209), das darin bestand, die Journalisten in den Angriffsplan der Alliierten auf Sizilien einzuweihen, um sich dadurch ihr Verantwortungsbewußtsein zunutze zu machen, gehört zu denen, die der erfahrene Feldherr selbst „nicht besonders gern wiederholen möchte".

[37]) Vgl. über die englische Praxis Blom-Cooper a.a.O. S. 63 ff., über die amerikanische Mafee, Government and Mass Communication, 1947, S. 459 ff.

[38]) So Adolf Arndt a.a.O. 467; Stree a.a.O. S. 530; Heinitz a.a.O.

nungsbildung erforderlichen öffentlichen Diskussion, geopfert wird. Es handelt sich also, wie man im Strafrecht sagt, nicht um ein Problem der Einschränkung des Tatbestandes nach den Regeln der sozialen Adäquanz[39]), sondern um eine Frage der Rechtfertigung an sich tatbestandsmäßigen Verhaltens um anderer Interessen willen. Diese Betrachtungsweise hat praktische und, wie ich glaube, auch angemessene Konsequenzen für die Behandlung der Irrtumsfragen und für die Anwendbarkeit der Grundsätze über den rechtfertigenden Notstand, worauf hier nicht weiter einzugehen ist[40]).

II.

Die bisherige Untersuchung hat ergeben, daß die vorhandenen Strafvorschriften auf den Fall des publizistischen Landesverrats jedenfalls nicht deswegen unanwendbar sind, weil die Pressefreiheit als Grundrecht geschützt ist. Vielmehr besteht zwischen Pressefreiheit und Landesverteidigung ein Verhältnis des Gleichgewichts gleichrangiger Verfassungsgüter, deren konkreter Gehalt sich im Konfliktsfalle erst aus ihrer gegenseitigen Zuordnung ergibt. Bedenken gegen die Anwendbarkeit der Landesverratsbestimmungen auf die öffentliche Bekanntmachung militärischer Staatsgeheimnisse könnten jedoch aus dem Inhalt dieser Bestimmungen selbst hergeleitet werden, und Einwendungen dieser Art sind in der Diskussion der letzten Zeit in der Tat häufig vorgebracht worden.

1. Voraussetzung dafür, daß die Landesverratsvorschriften überhaupt in ein Verhältnis der Zuordnung zum Grundrecht der Pressefreiheit eintreten können, ist natürlich ihre eigene Verfassungsmäßigkeit.

Das Hauptbedenken in dieser Hinsicht richtet sich gegen die Verwendung des materiellen Geheimnisbegriffs. Insbesondere wird die Fassung des § 99 Abs. 1 StGB deswegen kritisiert, weil hier nicht die gesetzgebende Gewalt, wie es ihre Pflicht sei, die letzte Entscheidung getroffen, sondern statt dessen der Exekutive und Rechtsprechung einen Freibrief erteilt habe, nach eigenem Ermessen

---

39) Vgl. näher Klug, Sozialkongruenz und Sozialadäquanz im Strafrechtssystem, Festschrift für Eb. Schmidt, 1961, 253 ff.

40) Vgl. näher Welzel, Das deutsche Strafrecht, 8. Aufl. 1963, S. 82 ff.

zu entscheiden[41]). Gerügt wird mit anderen Worten mangelnde Tatbestandsbestimmtheit im Sinne von Art. 103 Abs. 2 GG. Dieser Einwand ist jedoch sicher unbegründet[42]), denn die materielle Begriffsbestimmung des Staatsgeheimnisses ist keineswegs eine im Strafrecht unzulässige Generalklausel, die dem Richter ein echtes Urteilsermessen zur Entscheidung sowohl für a als auch für non-a ermöglichte, wobei vom Standpunkt des Gesetzes beide Entscheidungen gleichwertig wären[43]). Vielmehr haben wir es hier mit einem der im Strafrecht häufig verwendeten und vom Verfassungsrecht gebilligten[44]) unbestimmten Rechtsbegriffe zu tun, der auf bestimmte, außerhalb seiner selbst liegende und nachprüfbare Sachverhalte verweist, nämlich in unserem Falle auf die relative Unbekanntheit der Tatsache, um die es geht, und auf die Erforderlichkeit der Geheimhaltung zur Abwendung eines konkreten Schadens für die Machtstellung der Bundesrepublik im Verhältnis zu fremden Staaten. Der Begriff des Staatsgeheimnisses ist damit um nichts unbestimmter als die verwandten Begriffe des Privatgeheimnisses im § 300 StGB und der Gemeingefahr im § 315 Abs. 3 StGB. Eine weitergehende Konkretisierung als sie hier erreicht ist, kann unter Berufung auf Art. 103 Abs. 2 GG nicht verlangt werden, weil sonst die für die kontinentale Strafgesetzgebung charakteristische generalisierende und abstrakte Methode zum Nachteil der Gerechtigkeit unmöglich gemacht würde[45]).

Es ist auch keineswegs so, daß die Regierung in Fällen des publizistischen Landesverrats unter Verletzung der Gewaltentei-

---

41) So etwa Heinemann a.a.O. S. 6; Fuß, Pressefreiheit und Geheimnisschutz, NJW 1962, 2226; Köttgen und Posser in: Ruge a.a.O. S. 17 f. u. S. 21.

42) So auch Kern a.a.O. S. 42 f; Jagusch, Pressefreiheit, Redaktionsgeheimnis, Bekanntmachen von Staatsgeheimnissen, NJW 1963, 180; Willms, Landesverrat durch die Presse, DRiZ 1963, 14; Stree a.a.O. 529; Heinitz a.a.O. Übrigens haben auch Adolf Arndt a.a.O. S. 465 ff. und Ehmke, Verfassungsbeschwerde für den „Spiegel" v. 1. Mai 1963, S. 82 sich das Argument der Verfassungswidrigkeit des § 99 Abs. 1 StGB nicht zu eigen gemacht.

43) Vgl. hierzu näher Claß, Generalklauseln im Strafrecht, Festschrift für Eb. Schmidt, 1961, S. 122 ff.; Warda, Dogmatische Grundlagen des richterlichen Ermessens im Strafrecht, 1962, S. 40 ff.

44) Vgl. BGH 4, 352 [357 f.] zu § 187 a StGB; Bedenken aber bei Maunz-Dürig, Grundgesetz, Art. 103 Abs. 2, Anm. 107.

45) Keller (Oberauditor der schweiz. Armee), Zur Revision der Militärstrafgerichtsordnung und des Militärstrafgesetzbuchs, SchwZStr 79 (1963) 148 nennt diese Methode gerade beim Staatsgeheimnis einen „Lichtblick": „Richterrecht ergänzt so wirksam Gesetzesrecht".

lung und der richterlichen Unabhängigkeit den Gerichten bindend vorschreiben könnte, was das Staatswohl sei und was die Justiz demgemäß als Staatsgeheimnis zu betrachten habe[46]). Gewiß kann das Wohl der Bundesrepublik und die Geheimhaltungsbedürftigkeit einer Tatsache im konkreten Fall nur nach den Interessen des Staates bestimmt werden, die sich wiederum aus der Richtung der Außenpolitik der Regierung ergeben[47]), denn es macht natürlich einen Unterschied, ob die Bundesrepublik — grob gesprochen — der NATO oder dem Warschauer Pakt angehört. Aber was jeweils ein durch Geheimhaltung zu vermeidender Schaden für die Machtstellung der Bundesrepublik wäre, hat im Rahmen der außenpolitischen Gesamtkonzeption der Regierung allein das Gericht zu entscheiden[48]). Die Regierung kann nur den Kreis der Staatsgeheimnisse durch Freigabe von Nachrichten, auf deren Schutz sie keinen Wert mehr legt, nach ihrem Ermessen einschränken[49]); doch bestehen dagegen gewiß keine verfassungsrechtlichen Bedenken.

Es kommt hinzu, daß der materielle Geheimnisbegriff wegen seiner relativen Unbestimmtheit am besten geeignet ist, die Unbestimmtheit, Vergänglichkeit und Zeitbedingtheit, die dem Staatsgeheimnis selbst nun einmal anhaften[50]), angemessen auszudrücken. Daß der Geheimnisbegriff nicht „deskriptiver" gestaltet werden kann, liegt also nicht an der Mangelhaftigkeit des Gesetzes, sondern an der Natur seines Gegenstandes. Das läßt sich schon aus der Tatsache schließen, daß auch die Strafrechtskommission den materiellen Geheimnisbegriff nach eingehenden Erwägungen akzeptiert hat (§ 393 E 1962), und daß weder vorher noch nachher — abgesehen von der m. E. gerade auch für die Presse unerträglichen formellen Sekretur[51]) — ein brauchbarer Reformvorschlag

---

46) In dieser Richtung gehen die Angriffe von Maihofer a.a.O. S. 15 und Küchenhoff, Landesverrat, Oppositionsfreiheit und Verfassungsverrat, Die neue Gesellschaft 1963, 125 ff.

47) v. Weber, Die Verbrechen gegen den Staat in der Rechtsprechung des Reichsgerichts. Reichsgerichts-Festgabe, Bd. V, 1929, S. 193.

48) Willms, Der Sachverständige im Landesverratsprozeß, NJW 1963, 190.

49) Schon Binding, Lehrbuch des gemeinen deutschen Strafrechts, Bd. II, 2, 1905, S. 477, hat den Geheimhaltungs willen des Staates als ein Essentiale des Geheimnisbegriffs angesehen.

50) Vgl. dazu Ritter, Staatsverbrechen und Staatsverfassung, Strafrechtl. Abh. Heft 339, 1934, S. 86 f.

51) Dagegen mit Recht auch J. G. Reißmüller, Pressefreiheit und Landesverteidigung, FAZ v. 29. 10. 1962.

gemacht worden ist[52]). Dieses Ergebnis wird durch einen Blick auf das ausländische Recht bestätigt. Die kontinentalen Staaten verwenden durchweg einen materiellen Geheimnisbegriff. Das gilt z. B. für Frankreich[53]), Italien[54]), Schweden[55]), die Schweiz[56]) und die Niederlande[57]). Daneben kennen die Schweiz, Italien, Schweden und die Niederlande noch die besondere gesetzliche Möglichkeit, daß die Regierung eine bestimmte Angelegenheit oder Örtlichkeit durch ausdrückliche Erklärung mit Geheimschutz umgeben kann, so daß zusätzlich noch ein formeller Geheimnisbegriff besteht, der aber den materiellen Geheimnisbegriff nicht etwa aufhebt. Anders, aber nicht völlig verschieden ist die Rechtslage im englischen und amerikanischen Strafrecht. Hier kennt man zwar Strafvorschriften, in denen die einzelnen Gegenstände möglichst umfassend aufgezählt werden, die bei Gefahr einer Schädigung des Staates geheimzuhalten sind[58]), im Vordergrund steht in der Praxis aber die formelle Bestimmung des Staatsgeheimnisses durch die zuständige Behörde („classification")[59]). Für unsere Verhältnisse ist indessen ein derart bürokratisches Verfahren, zumal damit der materielle Geheimnisbegriff doch nicht ganz entbehrlich wird, schwerlich zu empfehlen.

---

[52]) Auch der Vorschlag von Küchenhoff a.a.O. S. 139 läuft nur auf eine wenig präzise, negative Korrektur des materiellen Geheimnisbegriffs hinaus.

[53]) Art. 72 No. 1, 75 al. 1; 76 No 2; 78 c. p. Nicht übernommen worden ist in den seit 1960 geltenden neuen Text der alte Art. 78 No 4 c. p., wonach die Regierung durch Dekret des Ministerrats die Veröffentlichung von Informationen beliebiger Art verbieten und damit für strafbar erklären konnte (formeller Geheimnisbegriff).

[54]) Neben den Geheimnissen im materiellen Sinne („notizie segrete" der Art. 256, 261) kennt das italienische Recht Geheimnisse im formellen Sinne („notizie riservate" des Art. 262). Vgl. de Marsico, La nozione di segreto nei delitti contro la personalità dello Stato, Arch pen 1949, 224 ff.

[55]) Vgl. Beckmann-Bergendahl-Strahl, Brott mot Staten och Allmänheten, 1949, S. 186 f.; Kommissionsbegründung zur Strafrechtsnovelle von 1948, NJA II, 1948, S. 263.

[56]) Art. 267 StGB. Der Art. 86 MStG könnte im Sinne des faktischen Geheimnisbegriffs verstanden werden, wird aber ebenso wie Art. 267 StGB ausgelegt; vgl. Comtesse, Das Schweiz. Militärstrafgesetzbuch, 1946, Art. 86, N. 1.

[57]) Art. 98 Abs. 1 W.v.Str.

[58]) Sect. 1 Official Secrets Act 1911 in Großbritannien; 18 USCA 793 in USA.

[59]) Sect. 3 c u. d Official Secrets Act 1911 in Großbritannien; 18 USCA 798 in USA.

2. Die Landesverratsvorschriften des Ersten Strafrechtsänderungsgesetzes lassen sich auch nicht als Spätfolgen nationalsozialistischer Rechtsverirrung abtun. Es trifft bei einer mehr in die Tiefe gehenden Geschichtsbetrachtung nicht zu, wenn gesagt wird, daß sie nur das hätten wiederaufleben lassen, „was das Dritte Reich im Jahre 1934 unter Aufhebung älterer Strafnormen von 1871 als Landesverrat erklärte"[60]). Der materielle Geheimnisbegriff und die Strafbestimmung gegen den vorsätzlichen Landesverrat durch die Presse findet sich vielmehr schon im § 92 Nr. 1 des StGB von 1871, die Strafvorschrift gegen die Ausspähung in § 3 des Gesetzes gegen den Verrat militärischer Geheimnisse von 1893 (RGBl S. 205), der Rest des Abschnitts in den Entwürfen der Weimarer Zeit. Die relative Milde der Strafdrohungen des vor 1933 geltenden Rechts hat zwar der Gesetzgeber von 1951 nicht wiederhergestellt, aber die früher vorgesehenen mildernden Umstände fehlen im § 100 nicht erst seit 1934, sondern sind schon in den Entwurf 1927 nicht mehr aufgenommen worden — ein Zeichen für die große Wandlung in der Einschätzung der politischen Delikte, die nichts mit Terrorismus zu tun gehabt hat. Dagegen hat der Bundestag im Jahre 1951 die übermäßige generalpräventive Härte der Novelle von 1934 durchgreifend korrigiert.

3. Es läßt sich auch nicht behaupten, die öffentliche Bekanntgabe von militärischen Staatsgeheimnissen durch die Presse müsse deshalb aus dem Bereich des Landesverrats herausgenommen werden, weil dem Journalisten meist die Absicht der Gefährdung des Staatswohls fehle. Die Gefährdungsabsicht ist nicht Tatbestandsmerkmal. Maßgebend für die Strafwürdigkeit des Landesverrats ist das Erfolgsunrecht und die Gefahr, die durch die Tat heraufbeschworen wird, ist beim publizistischen Landesverrat meist die gleiche wie beim Agentenverrat. Es gibt natürlich Fälle, in denen mit Rücksicht auf die öffentliche Bekanntmachung des Staatsgeheimnisses eine Gefahr für das Staatswohl gar nicht eintreten kann, sondern möglicherweise sogar verhindert wird — z. B. durch die Mitteilung von bestehender Verratsbereitschaft im eigenen Abwehrdienst —, aber in solchen Fällen ist eben schon der Tatbestand des Landesverrats zu verneinen.

---

[60]) So Heinemann a.a.O. S. 6.

Eine rechtsvergleichende Umschau zeigt, daß die öffentliche Mitteilung von Staatsgeheimnissen im Ausland ebenfalls den Strafbestimmungen über den Landesverrat unterliegt. In der Schweiz hat man sich im 2. Weltkrieg und in der Nachkriegszeit eingehend mit dem Verhältnis von Pressefreiheit und militärischem Geheimnisschutz auseinandergesetzt und nie einen Zweifel daran gelassen, daß es auch einen Landesverrat durch die Presse gibt[61]). In Frankreich sind während des Indochina- und Algerienkrieges zahlreiche Strafverfahren gegen Presseorgane wegen der Veröffentlichung von Staatsgeheimnissen eingeleitet worden[62]). In Italien ist es allgemeine Auffassung, daß der Ausdruck „rivelazione di segreti di Stato" in Art. 261 c. p. auch die Veröffentlichungen durch die Presse umfaßt[63]). In Schweden findet sich das zentrale Publikationsverbot für geheimzuhaltende Angaben zwar im Pressegesetz, auf die materielle Deliktsbeschreibung der Spionagevorschriften im StGB wird jedoch in vollem Umfang Bezug genommen[64]). Desgleichen sind auch in England[65]) und den USA[66]) die Verratsvorschriften auf Journalisten grundsätzlich anwendbar, wenn auch Strafverfahren dieser Art selten stattfinden.

Auf diesem Hintergrund betrachtet kann die Auffassung von Maihofer[67]), daß nach geltendem deutschen Recht kein Journalist wegen der Veröffentlichung eines Staatsgeheimnisses überhaupt strafrechtlich zur Verantwortung gezogen werden dürfe, schwerlich zutreffen. Weil dem Journalisten im Gegensatz zum Agenten angeblich in keinem Falle mit Sicherheit nachgewiesen werden könne, daß die veröffentlichte Tatsache den fremden Regierungen unbekannt oder noch nicht genügend bekannt gewesen

---

61) Vgl. oben Anm. 29; ferner Feldmann a.a.O. 28: „Das äußerste, letzte und somit wichtigste Mittel zur Erhaltung der staatlichen Existenz besteht im Einsatz der Armee; sie vor dem Mißbrauch des Rechts auf freie Meinungsäußerung zu schützen, gehört demzufolge zu den elementaren Aufgaben des Staatsschutzes." Über das strikte Pressenotrecht im Kriege Schindler, Presserecht in der Kriegszeit, SchwJZ 1943, 477 ff.; Feldmann, Zur Reform des schweizerischen Presserechts, ZSR 67 (1948) 48 a ff.

62) Vgl Bourdet in: Ruge a.a.O. S. 46.

63) Vgl. Weyhenmeyer, Die Staatsschutzbestimmungen im ausländischen Strafrecht, Diss. Freiburg i. Br. 1956, S. 78, 209.

64) Kap. 7 § 5 Abs. 2 Pressegesetz.

65) Vgl. Blom-Cooper in: Ruge a.a.O. S. 63.

66) Frohwerk v. US 249 US 204 (1919); vgl. ferner die Zusammenstellung in 148 ALR 1442.

67) Vgl. Maihofer a.a.O. S. 12 ff. Gegen Maihofer auch Stree a.a.O. S. 528.

sei, soll in der Anwendung der Landesverratsvorschriften auf die Presse eine „mit den Grundprinzipien eines rechtsstaatlichen Strafrechts unvereinbare Verdachtsstrafe" liegen. Das ist aus verschiedenen Gründen nicht richtig. Einmal handelt es sich hier um eine unzulässige Vertauschung der materiellrechtlichen mit der prozeßrechtlichen Betrachtungsweise: es ist immer nur im Einzelfall festzustellen, ob die Merkmale eines Straftatbestandes nachgewiesen werden können oder nicht, und Schwierigkeiten des Nachweises machen eine Vorschrift nicht unanwendbar. Zweifellos gibt es aber Fälle, in denen einwandfrei feststeht, daß es sich um ein bisher absolut gesichertes Geheimnis handelt, und wo das nicht zutrifft, wird mindestens ein strafbarer Versuch in Betracht kommen. Ferner trägt gerade die Pressemitteilung das Geheimnis in so weite Kreise, daß die Wahrscheinlichkeit, daß einer fremden Regierung, die daraus etwas machen kann, Neues gesagt wird, im Grunde größer ist als beim Agenten, der nur für seinen Auftraggeber arbeitet. Endlich ist es eine wirklichkeitsferne Vorstellung zu glauben, daß beim Agenten schon aus dem Spionageauftrag hervorgehe, was der fremden Regierung noch unbekannt ist, denn der Agent erhält meist einen ganz allgemeinen Auftrag, der gar nicht erkennen läßt, wieviel der Auftraggeber bereits weiß. Man könnte also überhaupt niemanden mehr wegen Landesverrats verurteilen, wenn Maihofers These richtig wäre. Aber auch die Kronzeugen, die Maihofer zur Begründung seines Standpunkts anruft[68]), haben bei näherem Zusehen die ihnen zugeschriebenen Äußerungen nicht getan. Die Bemerkung Gustav Radbruchs in seinem Offenen Brief vom Jahre 1925 an Otto Liebmann über den „Unfug der Landesverratsprozesse gegen die Presse" richtete sich allein gegen diejenigen Verfahren, „durch welche die Offenbarer ungesetzlicher Zustände mit Strafen betroffen wurden, die deren Verursacher verdient hätten" (Hervorhebung v. Verf.)[69]), also gegen die Bestrafung der öffentlichen Mitteilung von sog. „illegalen Staatsgeheimnissen", was auf einem ganz anderen Blatt steht (vgl. hierzu unten III, 3). Auch die von Maihofer angeführte Kritik des Berichterstatters des Rechtsausschusses des Bundesrats Dr. Küster an dem Entwurf

[68]) a.a.O. S. 9 f.

[69]) Radbruch, Offener Brief an Herrn Dr. Otto Liebmann, Die Justiz, Bd. I (1925/26) 195.

der Staatsschutznovelle von 1951, die — so hieß es damals — „im Streben nach abstrakter Fassung der Tatbestände Freund und Feind des Rechtsstaats gleichermaßen bedrohe", bezog sich ausschließlich auf den Abschnitt Staatsgefährdung und in Verbindung damit teilweise auf den Abschnitt Hochverrat. Die §§ 99 und 100 Abs. 1 und 2, auf die es hier allein ankommt, sind im Bundesrat niemals auf Kritik gestoßen. Wir dürfen uns also durch ein angebliches Menetekel aus der Vergangenheit nicht schrecken lassen, sondern müssen die Rechtsfrage ganz nüchtern so betrachten, wie sie sich heute darstellt. Geht man von diesem Standpunkt aus, dann ist an der Anwendbarkeit der Landesverratsvorschriften auf Pressemitteilungen nicht zu zweifeln.

4. Damit soll nun freilich nicht gesagt sein, daß das geltende Strafrecht im Abschnitt Landesverrat nicht reformbedürftig wäre. Verbesserungen halte ich vielmehr nach zwei Richtungen für angebracht[70]). Einmal müßte der publizistische Landesverrat aus der Begriffsbestimmung des § 99 Abs. 2 und der allgemeinen Vorschrift des § 100 herausgelöst und in einer besonderen Bestimmung über „öffentliche Mitteilung von Staatsgeheimnissen" erfaßt werden. Die Rechtfertigung liegt darin, daß das Handlungsunrecht[71]) beim Journalisten anders zu bewerten ist als beim Agenten: jener verfolgt eine politische Absicht, über deren Wert oder Unwert im Strafverfahren nicht zu rechten ist, während dieser die Schädigung wichtigster Staatsinteressen oder den eigenen Vorteil oder beides im Auge hat. Aus dem gleichen Grunde sollte ferner für die öffentliche Mitteilung von Staatsgeheimnissen Gefängnis- anstatt Zuchthausstrafe angedroht werden, allerdings mit der Möglichkeit des Übergangs zu Zuchthaus, wenn die Handlung im Kriege oder in Notzeiten begangen wird oder einen besonders schweren Schaden für die Staatssicherheit zur Folge gehabt hat. Der Entwurf 1962 ist nicht so weit gegangen, er hat aber immerhin für minder schwere Fälle in den §§ 383 Abs. 3 und 384 Abs. 3 die Gefängnisstrafe wiederhergestellt. Dagegen wä-

[70]) Im gleichen Sinne Heinemann a.a.O. S. 7; Jagusch a.a.O. S. 181; Ridder, JZ 1963, 416 f.; Maihofer, JZ 1963, 611 (Bericht von Günter).

[71]) Darüber, daß die nicht auf den Erfolg abzielende Handlung im Unrechtsgehalt weniger schwer wiegt als die absichtliche Schädigung, vgl. Stratenwerth, Handlungs- und Erfolgsunwert im Strafrecht, SchwZStr 79 (1963) 244 ff.

re die Einführung einer echten „custodia honesta" im Sinne einer die Ehre des Verurteilten überhaupt nicht antastenden Strafe schon deswegen verfehlt[72]), weil es sich in den Fällen, in denen die öffentliche Mitteilung eines Staatsgeheimnisses nicht bereits durch die Pressefreiheit gedeckt ist, immer um Angelegenheiten handeln wird, bei denen entweder der Schaden schwerwiegend oder das legitime Informationsinteresse minimal ist.

III.

Nach Klärung der allgemeinen Fragen des Verhältnisses von Pressefreiheit und Landesverrat wenden wir uns nunmehr einigen Sonderproblemen zu, die zur Zeit im Vordergrund des Interesses stehen.

1. Ein Hauptpunkt ist die sog. „Mosaiktheorie", mit der es folgende Bewandtnis hat. Offenkundige und auch in ihrem Zusammenhang offenkundig bleibende Tatsachen sind niemals Staatsgeheimnisse[73]). Der Geheimnisbegriff ist aber auch kein absoluter in dem Sinne, daß der strafrechtliche Schutz schon dann aufhörte, wenn die betreffende Tatsache über den engsten Kreis der Eingeweihten hinaus bekanntgeworden ist. Maßgebend ist vielmehr ein „relativer" Geheimnisbegriff, der erst dann sein Ende findet, wenn eine Tatsache einem weiteren Kreise bekannt geworden ist[74]). Bis zu diesem Punkt ist man sich mehr oder weniger einig. Zweifelhaft ist jedoch die Frage, ob von einem Geheimnis auch dann noch gesprochen werden kann, wenn aus bekannten Einzelteilen ein neues Ganzes zusammengestellt wird, das in seiner Art nicht offensichtlich und für jedermann zugänglich ist, sondern planmäßige Erkundung und Beobachtung voraussetzt. Die Ansichten im Schrifttum sind hierzu geteilt[75]). Die Rechtsprechung hat die Mosaiktheo-

---

72) Über das Ende der Privilegierung des politischen Überzeugungstäters vgl. Kirchheimer, Politische Justiz, in: Sociologica, Frankfurter Beiträge zur Soziologie, Bd. 1, 1955, S. 174 ff; Jescheck, Der strafrechtliche Staatsschutz im Ausland, ZStW 74 (1962) 342 ff.

73) LK (Jagusch), 8. Aufl. 1956, § 99 Anm. 2 e aa (S. 658).

74) Vgl. schon RGSt 10, 420; ferner v. Calker, Der Landesverrat, Frank-Festgabe, 1930, Bd. II, S. 259; Maurach, Deutsches Strafrecht, Bes. Teil, 3. Aufl. 1959, S. 507.

75) Für die Anerkennung der Mosaiktheorie Schönke-Schröder, 11. Aufl. 1963, § 99 Anm. 4; LK (Jagusch) a.a.O.; Herbert Arndt a.a.O. S. 50; Kern a.a.O. S. 31. Dagegen Adolf Arndt, NJW 1960. 2040; Ehmke a.a.O. S. 83.

rie dagegen immer bejaht. So hat das Reichsgericht die für einen Angriff von der See bedeutsame Beschaffenheit der deutschen Küste (RGSt 25, 50), der Bundesgerichtshof die militärisch verwertbare Sammlung von Daten über einen größeren Straßenabschnitt (BGHSt 7, 234) und eine an sich aus der Fachliteratur zu erarbeitende Zusammenstellung des Rüstungspotentials der Bundesrepublik (BGHSt 15, 17) als Staatsgeheimnis angesehen. Das Ausland nimmt zur Mosaiktheorie nicht einheitlich Stellung. In der Schweiz hat das Militärkassationsgericht den Verlauf eines ganzen Befestigungssystems zum Staatsgeheimnis erklärt, obwohl die Lage der einzelnen Werke an sich offensichtlich war (EMK Bd. 3 Nr. 89 S. 189). In Frankreich war die Betrachtungsweise der Mosaiktheorie („espionnage ouvert") früher nicht bekannt[76]), diese Lücke sollte jedoch offenbar durch den im Jahre 1960 geschaffenen Artikel 74 c. p. geschlossen werden[77]). In den Niederlanden hat das oberste Gericht die militärisch verwertbare Gesamtheit der Angaben, die durch systematisches Sammeln bestimmter Daten gewonnen worden waren, als militärisches Geheimnis angesehen, obwohl sich die einzelnen Nachrichten auf Gegenstände bezogen, die jeder für sich von jedermann beobachtet werden konnten[78]). In ähnlicher Weise ist in der Begründung zu Kap. 8 §§ 4 und 5 des schwedischen StGB, der als Grundtatbestand die Ausspähungs- und Verratshandlungen erfaßt, ausgeführt, daß eine systematische Sammlung von Angaben, welche an und für sich ungefährlich sind, für die Sicherheit des Staates nachteilig sein und deswegen unter diese Vorschrift fallen kann, wie z. B. die Zusammenstellung von Angaben über den Verkehr in einem Hafen[79]). In der italienischen Lehre wird die Mosaiktheorie nach geltendem Recht zwar abgelehnt, aber die Einführung eines entsprechenden Straftatbestandes gefordert[80]). Von den ame-

---

[76]) Léauté, Secret militaire et liberté de la presse, 1957, S. 26: „Il n'en demeure pas moins qu'il existe, à cet égard, une lacune dans la législation française."

[77]) Art. 74 c. p. „ . . . renseignements, objets, documents ou procédés dont la réunion et l'exploitation sont de nature à nuire à la défense nationale".

[78]) Hoge Raad, NJ 1959, Nr. 156; vgl. auch Barendrecht in: Léauté a.a.O. S. 25.

[79]) Kommissionsbegründung zur Strafrechtsnovelle von 1948, NJA II 1948 S. 254.

[80]) Vgl. Manzini, Trattato di diritto penale italiano, 4. Aufl. Bd. IV, S. 200; de Vico, La rivelazione di segrete di Stato, Annali di diritto e procedura penale, 1934, Bd. I S. 167.

rikanischen Gerichten wird die Zusammenstellung von bekannten Einzelheiten, jedenfalls wenn sie aus allgemein zugänglichen Quellen erfolgt, nicht als Spionage angesehen. So wurde ein Deutscher, der im Kriege im Auftrag der deutschen Regierung Daten über die amerikanische Automobil- und Flugzeugindustrie aus Zeitungen, Zeitschriften, technischen Journalen, Handbüchern, Statistiken und Korrespondenzen zusammengetragen und daraus die Lage und Kapazität der betreffenden Rüstungsindustrien ziemlich genau ermittelt hatte, freigesprochen, weil es nicht der Sinn des Gesetzes sei, die Erleichterung des Zugangs zu an sich allgemein verfügbaren Quellen zu bestrafen[81]).

Nach alledem wird man in Anlehnung an die amerikanische Rechtsprechung eine grundsätzliche Unterscheidung machen müssen. Zusammenstellungen und Ausarbeitungen auf Grund von publiziertem Material müssen m. E. straffrei bleiben, weil ihre Beschaffung für jede fremde Regierung praktisch nur eine Kostenfrage ist. Für die Presse ist das von großer Bedeutung, da für sie eine andere Art der Sammeltätigkeit legitimerweise kaum in Betracht kommen kann. Anders liegt die Sache dagegen schon bei vertraulichen Materialien, z. B. bei Protokollen von Gemeinderatssitzungen, aus denen sich gelegentlich Angaben über die Stellung von wichtigsten Waffen und Abwehranlagen entnehmen lassen. Im übrigen muß die militärisch verwertbare Zusammenstellung von nicht ohne weiteres offensichtlichen Tatsachen auf Grund der systematischen Beobachtung von Industrieanlagen, Befestigungen, Truppenunterkünften, Straßen, Geländeabschnitten usw. strafbar bleiben, da es fremden Staaten nur durch einen nach außen leicht auffallenden, gefährlichen und langandauernden Einsatz von Agenten möglich ist, an diese Einzelheiten heranzukommen.

2. Eine weitere die Presse beschäftigende Frage ist es, ob und in welchem Umfang der an sich bestehende Geheimnisschutz durch V o r veröffentlichungen entfallen kann. Die Rechtsprechung hat früher in der Bestätigung und Bekräftigung bekannter Mitteilungen eine öffentliche Bekanntmachung geheimzuhaltender Nachrichten erblickt (RGSt 62, 70; 74, 111). Doch wird man von einer Bestätigung, die für den fremden Staat von ins Gewicht fallendem

81) Circuit Court of Appeals New York, US v. Heine (1945) 151 F 2d 813; ebenso Supreme Court, Gorin v. US, 312 US 19.

Interesse sein kann, wohl mehr verlangen müssen als die bloße Wiederholung einer Pressemeldung in einer anderen Zeitung. Maßgebend muß sein die Ergänzung früherer Mitteilungen durch Hinzufügen neuer Nachrichten, insbesondere die Bekräftigung bloßer Mutmaßungen durch die Angabe von amtlichen Quellen, Materialien und Beweisstücken.

3. Heftig umstritten ist vor allem die Frage der Behandlung sog. „illegaler Staatsgeheimnisse". Zur Zeit hat sie freilich nur theoretische und keine praktische Bedeutung, denn gegenwärtig wird sich in der Bundesrepublik das Bestehen von rechtswidrigen Zuständen auf militärischem Gebiet ernsthaft nicht behaupten lassen. Die gesamte Problematik hat daher mehr einen historisch-politischen als aktuellen Charakter. Sie ist belastet mit der Erinnerung an die leidenschaftlichen Auseinandersetzungen in der Weimarer Republik um die Einhaltung der Versailler Entwaffnungsartikel und die sich daran anknüpfenden Strafverfahren gegen die Linkspresse wegen Veröffentlichungen über vertragswidrige Rüstungsmaßnahmen der Reichswehr[82]). Die Rechtsprechung hat damals illegale Staatsgeheimnisse stets in den Verratsschutz einbezogen[83]). So wurde Felix Fechenbach durch das Volksgericht in München am 20. Oktober 1922 u. a. auf Grund von durch ihn lancierten Pressenotizen über rechtsradikale Geheimorganisationen in Bayern wegen Landesverrats zu einer schweren Zuchthausstrafe verurteilt[84]). In gleicher Weise verurteilte das Reichsgericht später zwei Journalisten wegen einer Mitteilung über die Einstellung von Zeitfreiwilligen in die Reichswehr während des Ausnahmezustandes von 1923/24 (RGSt 62, 65). Bekannt geworden ist vor allem das Urteil des Reichsgerichts gegen den späteren Friedensnobelpreisträger (1935) Carl v. Ossietzky vom 23. November 1931, durch das dieser wegen eines Artikels in

---

[82]) Für den strafrechtlichen Schutz sog. illegaler Staatsgeheimnisse in jener Zeit eingehend v. Weber a.a.O. S. 195 ff.; aber auch Kantorowicz, Der Landesverrat im deutschen Strafrecht, Die Justiz, Bd. II (1926/27) 97. Dagegen vor allem Radbruch a.a.O.; Gumbel, Landesverrat, begangen durch die Presse, Die Justiz, Bd. II (1926/27) 75 ff.; Radbruch, Der Landesverrat im Strafgesetzentwurf, Die Justiz, Bd. III (1927/28) 108 ff.; Löwenthal, Der Landesverrat im Strafgesetzentwurf, ebenda S. 133 ff. Vgl. auch Radbruch, Der innere Weg, 1951, S. 172 ff.

[83]) Vgl. die zahlreichen Beispiele in der Denkschrift a.a.O. S. 28 ff.

[84]) Vgl. hierzu Hirschberg, Das Fehlurteil im Strafprozeß, 1960, 155 ff.; Freymuth, Fechenbach-Feststellungen für die Geschichte, Die Justiz, Bd. II (1926/27) 366 ff.; RGSt 61, 19.

der „Weltbühne" über geheime deutsche Luftrüstungen zu 18 Monaten Gefängnis verurteilt wurde[85]).

Nach geltendem Strafrecht ist die Behandlung, die illegale Staatsgeheimnisse zu erfahren hätten, zweifelhaft. Es geht dabei letztlich um die Frage, ob das Wohl des Staates an der Rechtsordnung seine Grenze findet oder in politischen Existenzfragen ohne Rücksicht auf Recht oder Unrecht schutzwürdig ist („right or wrong my country"). Das Abgeordnetenprivileg des § 100 Abs. 3 StGB läßt weder positive noch negative Rückschlüsse auf den Standpunkt des Gesetzgebers zur Frage der Strafbarkeit zu, da die Auslegung der Vorschrift entgegen der Ansicht, die der Berichterstatter seinerzeit im Bundestag vertreten hat[86]), alles andere als zweifelsfrei ist[87]). Einige nehmen einen auf Abgeordnete beschränkten Rechtfertigungsgrund für die Offenbarung illegaler Staatsgeheimnisse an[88]). Andere meinen, der Abgeordnete solle hier nur für den Fall noch besonders geschützt werden, daß er irrtümlich ein legales Staatsgeheimnis als verfassungswidrig angesehen und offenbart habe, im übrigen handle jedermann rechtmäßig, der ein illegales Staatsgeheimnis aufdeckt[89]). Die Rechtsvergleichung ist in diesem Punkte begreiflicherweise unergiebig, da die Lage der Weimarer Republik, in der das Problem der illegalen Staatsgeheimnisse seinerzeit entstanden ist, eine ganz einmalige war und von den Siegermächten überhaupt nicht verstanden wurde. Nur die italienische Literatur hat die Frage, angeregt durch die deutsche Diskussion, erörtert und die Anwendbarkeit des Art. 261 c. p. auch dann bejaht, wenn das Geheimnis sich auf einen nach völkerrechtlichen Grundsätzen illegalen Sachverhalt bezieht,

---

85) Vgl. Bürger-Singer, Carl v. Ossietzky, 1937, S. 28 ff.

86) Abg. Dr. Neumayer, 160. Sitzung des Deutschen Bundestags am 11. Juli 1951, Stenographische Berichte Bd. 8, S. 6484.

87) Der Vertreter des BJM Dr. Rotberg erklärte in der 68. Sitzung des Rechtsausschusses des Bundesrats am 19. Juli 1951 ausdrücklich, daß man einen Gegenschluß aus der gegenwärtigen Fassung des § 100 Abs. 3 nicht ziehen könne.

88) So Maurach a.a.O. S. 508; Schönke-Schröder, § 100 Anm. 3; v. Weber, MDR 1951, 519 (rechtfertigende Pflichtenkollision); Herbert Arndt a.a.O. S. 59. Dagegen ist Kohlrausch-Lange, 43. Aufl. 1961, § 100 Anm. III offenbar für einen persönlichen Strafausschließungsgrund.

89) Adolf Arndt, Demokratische Rechtsauslegung am Beispiel des Begriffs „Staatsgeheimnis", NJW 1963, 24 f.; ebenso schon in der 158. Sitzung des Deutschen Bundestags am 9. Juli 1951, Stenographische Berichte, Bd. 8, S. 6325; Löffler a.a.O. S. 533; LK (Jagusch), § 100 4 b (S. 662); Stree a.a.O. S. 531.

weil das Gesetz nicht die rechtlichen, sondern die politischen Interessen des Staates schützen wolle[90]). Für die Staaten mit formellem Geheimnisbegriff wird man annehmen können, daß die Sekretur der zuständigen Behörde entscheidend ist und niemand sich auf die angebliche Rechtswidrigkeit des geschützten Zustandes berufen könnte. Eine Geheimnisverletzung in Bezug auf die britischen Angriffsvorbereitungen gegen Ägypten im Jahre 1956 wäre z. B. von den britischen Gerichten sicher bestraft worden, ohne daß man sich auf die Erörterung des in der UNO-Satzung niedergelegten Gewaltverbots eingelassen hätte.

Ausgangspunkt für die Lösung des Problems muß die Grundthese sein, daß „die Aufdeckung von Verstößen gegen elementarste Rechtsgrundsätze im staatlichen Bereich" nicht als Landesverrat strafbar sein kann, weil es an einem objektiv schutzwürdigen Geheimhaltungsinteresse fehlt[91]). Es gibt jedoch — vor allem im Völkerrecht — Fälle, in denen es höchst zweifelhaft sein kann, auf wessen Seite das bessere Recht liegt, und es gibt Lebensfragen eines Volkes, die überhaupt nicht bloß nach dem Maßstab des formellen Rechts gemessen werden können. So wurde etwa die Aufstellung der Bundeswehr von den innenpolitischen Gegnern der Regierung anfangs als Verletzung der Entmilitarisierungsvorschriften des Potsdamer Abkommens von 1945 und damit als völkerrechtswidrig angesehen. Das Überfliegen und Photographieren ihres Staatsgebietes scheint von den Russen als eine auch völkerrechtlich verbotene Form der Spionage empfunden worden zu sein, wie sich aus ihrer diplomatischen Reaktion auf den Fall Powers im Jahre 1960 schließen läßt[92]). Das amerikanische Eingreifen gegen Kuba im Jahre 1962 war rechtlich im Hinblick auf den Grundsatz der Freiheit der Meere und den Gewaltverzicht der UNO-Satzung umstritten[93]). Wie man diese Fragen auch immer beurteilen mag, es ist jedenfalls mit elementaren Sicherheitsbedürfnissen der Staaten offenbar nicht zu vereinbaren, die Preisgabe von militärischen Geheimnissen durch die Presse

---

[90]) Vgl. Manzini a.a.O. S. 245; de Marsico a.a.O. S. 237; Crespi, La tutela penale del segreto, 1952, S. 22 f.

[91]) Schönke-Schröder, § 99 Anm. 11.

[92]) Vgl. Hinz, Spionage, in: Strupp-Schlochauer, Wörterbuch des Völkerrechts, 2. Aufl. 1962, Bd. III, S. 300.

[93]) Vgl. dazu Meeker, Defensive Quarantine and the Law, AJIL 57 (1963) 539; Wright, The Cuban Quarantine, ebenda S. 563.

unter solchen Umständen zuzulassen, nur weil sich jemand mit mehr oder weniger Grund darauf berufen könnte, daß es sich um rechtswidrige Zustände und Vorhaben handelt. Wollte man mit der Gegenmeinung dem Angeklagten auch nur den Einwand zugestehen, er habe die Rechtswidrigkeit der von ihm preisgegebenen Staatsgeheimnisse angenommen und sie deshalb für nicht schutzwürdig gehalten, so würde eine unerträgliche Lücke in den Staatsschutz gerissen werden, weil dann ein vorsatzausschließender Irrtum über den Tatumstand des Geheimnisses vorliegen würde. Ich halte es deswegen für ganz unvermeidlich, daß die Landesverratsvorschriften an sich auch sogenannte illegale Staatsgeheimnisse schützen müssen, es sei denn, daß es sich um eine Verletzung von elementaren Rechtsgrundsätzen handelt. Die Wahrung der innerstaatlichen Rechtsordnung ist durch das Abgeordnetenprivileg des § 100 Abs. 3 und das jedem Bürger zustehende Petitionsrecht des Art. 17 GG genügend gesichert. Nur wenn auf diesen Wegen keine Abhilfe zu schaffen ist, kommt ein Notstandsrecht der Presse in Betracht[94]).

4. Das führt uns schließlich zu den Fällen, in denen die Veröffentlichung eines Staatsgeheimnisses durch die Presse, obgleich die Tat nach den Umständen durch die Pressefreiheit nicht gedeckt wäre, im Interesse einer anderen größeren Sache notwendig erscheint. Es gibt amerikanische Journalisten, die sich rühmen können, Beispiele von solcher geradezu staatsmännischen Weisheit und Kühnheit gegeben zu haben[95]). So wurden die Geheimprotokolle zum Hitler-Stalin-Nichtangriffspakt von 1939, obwohl „top secret", am 22. Mai 1946 in der „St. Louis Post Dispatch" veröffentlicht. Am 3. und 4. Juli 1949 folgte in der „New York Herald Tribune" die Veröffentlichung der Dokumente über Stalins Verantwortung für die Katyn-Morde. Beides trug entscheidend dazu bei, den aus der Roosevelt-Ära stammenden „stalinistischen Mythos" zu zerstören, daß Amerika auf das Wohlwollen des Tyrannen angewiesen sei. Am 23. April 1955 veröffentlichte die „New York Herald Tribune" den geheimen Entwurf zu Art. 16 des österreichischen Staatsvertrags, der den in Österreich lebenden Flüchtlingen die Unterstützung ihres Aufenthaltsstaates ge-

---

[94]) Schwarz-Dreher, Strafgesetzbuch, 25. Aufl. 1963, § 100 Anm. 2.

[95]) Vgl. zum folgenden Epstein, Zur Problematik des Geheimnisverrats, Schweizer Monatshefte 1963, 484 ff.

genüber der Sowjetunion entzogen hätte, und verhinderte durch die dadurch verursachte allgemeine Empörung in der Öffentlichkeit die Aufnahme dieser Vorschrift in den endgültigen Vertragstext. Strafrechtlich gesehen handelt es sich hier um echte Notstandsfälle, die nach den anerkannten Grundsätzen der Judikatur zu diesem Rechtfertigungsgrund zu beurteilen wären. Das Risiko eines solchen Wagnisses kann der Presse aber niemand abnehmen[96]).

IV.

Was endlich die Gestaltung des Landesverrats v e r f a h r e n s gegen die Presse anlangt, so muß ich mich hier auf wenige für unseren Zusammenhang wichtige Punkte beschränken. Nicht einzugehen ist auf die rechtspolitische Grundfrage der Einführung eines besonderen Pressestrafverfahrens, etwa nach schwedischem Vorbild, mit Anklage durch den Justizkanzler (ein selbständiges Rechtspflegeorgan, dem zentrale Aufgaben übertragen sind) auf Antrag des Justizministers, besonderen Beschlagnahmevorschriften, besonderen Verfahrensregeln für die Hauptverhandlung und besonderer Zusammensetzung des Gerichts[97]). Die Klagen der Presse, soweit sie berechtigt sind, treffen m. E. gar nicht so sehr das materielle Strafrecht, als vielmehr das Verfahren, das auf die Besonderheiten des Pressebetriebs keine Rücksicht nimmt. Dies kann hier jedoch nicht weiter ausgeführt werden.

1. Die Rücksichten und Zweckmäßigkeitserwägungen, die aus dem politischen Strafrecht nicht wegzudenken sind, haben immer wieder zu der Frage geführt, ob in diesem Rahmen nicht das Opportunitätsprinzip besser am Platze wäre als das Legalitätsprinzip[98]). Das Problem stellt sich natürlich nicht nur in unserem Zusammenhang, sondern für das politische Strafverfahren überhaupt. Zugunsten des Opportunitätsprinzips im politischen Straf-

---

[96]) G ü d e, Die Geheimsphäre des Staates und die Pressefreiheit, 1959, S. 10.

[97]) Vgl. Kap. 8—12 des schwedischen Pressegesetzes (Tryckfrihetsförordning v. 5. April 1949, SFS 1957 Nr. 500) und das Presseverfahrensgesetz v. 22. April 1949 (SRL 1962, 1241 ff.). Vgl. ferner J e s c h e c k, Die Beschlagnahme periodischer Druckschriften in rechtsvergleichender Darstellung, ZStW 68 (1956) 651.

[98]) Vgl. die Auseinandersetzung zwischen G ü d e, Probleme des politischen Strafrechts S. 23 ff. und W i l l m s, Staatsschutz im Geiste der Verfassung, 1962, S. 33 ff.

recht kann man auf imponierende Vorbilder verweisen. So ist im Ausland die Anklageerhebung vielfach von der Entscheidung einer politischen Zentralbehörde abhängig. In der Schweiz entscheidet über die gerichtliche Verfolgung sämtlicher politischen Delikte der Bundesrat (Art. 105 Satz 1 BStrP); in Italien ist bei einer Reihe von politischen Straftaten die Strafverfolgung von der Ermächtigung des Justizministers abhängig (Art. 313 c. p.), in Schweden von der Zustimmung des Königs (Kap. 8 § 13, Kap. 9 § 10 StGB); in England können politische Delikte nur vom Attorney General oder mit dessen Ermächtigung verfolgt werden, einer mit Kabinettsrang ausgestatteten, aber weitgehend unabhängigen politischen Persönlichkeit; dasselbe gilt von den USA. Daß es im Ausland nur so selten Strafverfahren gegen die Presse wegen Geheimnisverrats gegeben hat, hängt sicher mit dem Opportunitätsprinzip zusammen. Selbst in einem der eklatantesten Fälle der Geschichte — der unmittelbar vor der Seeschlacht bei den Midway-Inseln im Juni 1942 erfolgten Meldung der „Chikago Tribune“, daß den Amerikanern die Entschlüsselung des von der japanischen Marine benutzten Geheim-Code gelungen sei — wurde kein Strafverfahren eingeleitet, obwohl ein entscheidender militärischer Vorteil aufs Spiel gesetzt worden war[99]). Auch in Frankreich hat es trotz der bewegten Zeiten und trotz zahlreicher Veröffentlichungen militärischer Geheimnisse in der Presse aller Richtungen zwar viele Strafverfahren gegen Journalisten, aber praktisch keinen Fall einer Verurteilung gegeben[100]). Trotzdem würde ich nicht empfehlen, diesen Beispielen zu folgen. Das Legalitätsprinzip soll die Neutralität der Anklagebehörde und die Gleichbehandlung der Bürger vor dem Gesetz sichern. Soweit es darum geht, Bagatellsachen unter dem Gesichtspunkt geringer Strafwürdigkeit vor der Anklage oder sogar noch in der Hauptverhandlung auszuscheiden, hat das geltende Recht im § 153 StPO bereits Vorsorge getroffen. Angelegenheiten, bei denen die Durchführung des Verfahrens die Sicherheit der Bundesrepublik erst recht gefährden würde, können nach § 153 c Abs. 2 StPO ebenfalls eingestellt werden. Darüber hinaus die Staatsanwaltschaft mit Fragen des politischen Ermessens zu belasten, erscheint mir nicht geraten, zumal sich über ihre insoweit dann bestehende Weisungs-

99) Vgl. Epstein a.a.O. S. 490.
100) Vgl. Hebarre, JZ 1963, 417 (Bericht von Ridder).

gebundenheit parteipolitische Einflüsse über das Ministerium geltend machen könnten. Die eigentliche Schwierigkeit, die in unserem Zusammenhang auftritt, nämlich die Grenzziehung zwischen Informationspflicht und Geheimnisschutz bei der Herstellung des Gleichgewichts von Pressefreiheit und Landesverteidigung, läßt sich durch das Opportunitätsprinzip nicht lösen, da es sich hier um eine reine Rechtsfrage handelt. Bei Rechtsfragen haben die Staatsanwaltschaften ohnehin nach eigener Überzeugung zu entscheiden[101]). Sie sind in diesem Bereich frei von Weisungen wie auch frei von einer Bindung an die höchstrichterliche Rechtsprechung und tragen für den Entschluß zur Anklage allein die Verantwortung. Außerdem ist auch die praktische Notwendigkeit einer so entscheidenden Strukturveränderung in unserem Strafprozeß nicht einzusehen, denn auch bei uns hat es bisher noch nicht einen einzigen Fall einer Verurteilung gegen die Presse gegeben. Es müßten ganz andere Mißgriffe zu Tage liegen, als sie im Spiegelprozeß behauptet werden, um eine so grundlegende Verschiebung der Gewichte zu rechtfertigen.

2. Angegriffen wird das Landesverratsverfahren gegen Journalisten unter prozessualen Gesichtspunkten vor allem wegen der Mitwirkung von Angehörigen des Verteidigungsministeriums als Sachverständigen, die zur Frage der Geheimnisqualität bestimmter Nachrichten bzw. zur Gefährdung des Wohls der Bundesrepublik durch deren Veröffentlichung gehört werden[102]). Wenn auch die in der Weimarer Republik einst bestehende Todfeindschaft zwischen den Gutachtern aus dem Kreise hoher Offiziere und den Presseleuten aus dem Kreise linksgerichteter Pazifisten[103]) heute bei der allgemein nüchternen Betrachtung der Wehrprobleme keine Rolle mehr spielen dürfte, so ist doch der Einwand nicht von der Hand zu weisen, daß Gutachter aus dem Ministerium nicht die unabhängigen und unvoreingenommenen Gehilfen der Justiz sein können, die sich die Prozeßordnung vorgestellt hat, sondern daß sie Untergebene ihrer Vorgesetzten sind, mit der typischen Nei-

---

[101]) So mit Recht Eb. Schmidt, Rechtsauffassung der Staatsanwaltschaft und Legalitätsprinzip, MDR 1961, 269 ff. gegen BGHSt 15, 157 ff.

[102]) Fuß, Pressefreiheit und Geheimnisschutz, NJW 1962, 2226 f.; Adolf Arndt a.a.O. S. 469.

[103]) Über die vergiftete Atmosphäre jener Jahre eindrucksvoll Gumbel a.a.O. 77 ff., insbes. S. 82.

gung der Militärbürokratie zur Geheimniskrämerei[104]). Manche Kritiker gehen so weit, daß sie wegen der angeblich bestehenden Abhängigkeit der in militärischen Fragen unkundigen Justiz von den Gutachtern die Gewaltenteilung und die richterliche Unabhängigkeit gefährdet sehen[105]). Zur Abhilfe wird gedacht an unabhängige Gutachterausschüsse, für deren Zusammensetzung die verschiedensten, zum Teil kaum ernst zu nehmenden Vorschläge gemacht werden (z. B. der jeweils ranghöchste Offizier und Richter im Ruhestand, der Wehrbeauftragte, Offiziere der NATO-Stäbe, Mitglieder des Verteidigungsausschusses des Bundestags u. a. m.). Nach meiner Auffassung handelt es sich bei den Bedenken gegen die Gutachtertätigkeit von Angehörigen des Ministeriums im Landesverratsprozeß um ein ganz allgemeines Problem[106]). Auch bei medizinischen Gutachten aus Kliniken und bei Baugutachten von Ministerialbehörden gibt es die Möglichkeit persönlicher Abhängigkeit und fachlicher Überspitzung. Der erfahrene Richter kennt diese Gefahren und hält sie in Grenzen durch Leitung der Sachverständigentätigkeit (§ 78 StPO) und Abnahme des Sachverständigeneides (§ 79). Außerdem ist das Gericht nicht bloß auf Gutachten der Ministerialbürokratie angewiesen, insbesondere kann die Verteidigung jederzeit andere Gutachter präsentieren. Was die Abhängigkeit des Richters von der Fachkunde des Sachverständigen anlangt, so ist sie bei medizinischen oder technischen Gutachten gewiß nicht geringer als bei militärischen. In jedem Falle gehört es zu den vornehmsten Richterpflichten, sich in eine fremde Materie einzuarbeiten und zu „einem eigenen Urteil auch in schwierigen Fachfragen" zu gelangen (BGHSt 8, 118). Im Ausland ist die Auswahl und Aufgabe der Gutachter bei Landesverratsprozessen keine andere. In der Schweiz wird die Beiziehung militärischer Sachverständiger als selbstverständlich angesehen, obwohl der militärische Landesverrat, auch von Zivilpersonen, nur durch Militärgerichte abgeurteilt wird, die selbst über erhebliche Sachkunde verfügen[107]). In Frankreich ist sogar vorge-

104) Vgl. in dieser Richtung Güde, Die Geheimsphäre des Staates und die Pressefreiheit S. 14.

105) So Pitzer, Zur Verfassungsmäßigkeit von Regierungsgutachten im Landesverratsverfahren, NJW 1962, 2235; Maihofer a.a.O. S. 15.

106) So mit Recht Willms, Landesverrat durch die Presse? in: Die dritte Gewalt v. 30. 11. 1962, Nr. 22, S. 3 f.; Willms, Der Sachverständige im Landesverratsprozeß, NJW 1963, 190.

107) EMK Bd. 4 Nr. 102 S. 222 f.; Nr. 140 S. 306; Amstein, Die Be-

schrieben, daß für das Strafverfahren ein Gutachten des Verteidigungsministeriums eingeholt werden muß, das die Justiz natürlich nicht bindet[108]). Auch in der niederländischen Judikatur wird der militärische Sachverständige erwähnt[109]). In England und in den USA stellt sich die prozessuale Situation deswegen anders, weil die Gerichte eine Nachricht, die unter die formelle Sekretur fällt, stets als geheimhaltungsbedürftig anerkennen, ohne nach der Richtigkeit der Eingruppierung zu fragen (die Überprüfung ist Sache des zuständigen „classification board").

Danach bestehen gegen die Mitwirkung von Sachverständigen des Verteidigungsministeriums im Landesverratsverfahren keine durchgreifenden verfassungs- oder prozeßrechtlichen Bedenken, sofern das Gutachten unter richterlicher Leitung sachgemäß erstattet wird und richterlicher Würdigung unterworfen bleibt. Wichtig ist vor allem, daß die Rechte der Verteidigung durch Gesichtspunkte des Geheimnisschutzes nicht beeinträchtigt werden dürfen, und so ist es besonders zu begrüßen, daß die Anfertigung von Abschriften aus geheimen Aktenteilen, insbesondere gerade aus den Gutachten des Ministeriums, dem Verteidiger des Beschuldigten erlaubt ist (BGHSt 18, 369), so daß dieser schon im Ermittlungsverfahren die Beweiskraft des Gutachtens durch Gegenargumente erschüttern kann.

3. Einen wichtigen strafprozeßrechtlichen Schutz der Pressefreiheit gewährt endlich das sog. „Redaktionsgeheimnis der Presse" Es handelt sich dabei bekanntlich um folgendes: Nach § 53 Abs. 1 Nr. 5 StPO haben Redakteure, Verleger, Herausgeber und Drucker einer periodischen Druckschrift sowie das kaufmännische, technische und sonstige Personal des Pressebetriebes ein Zeugnisverweigerungsrecht bezüglich der Person des Verfassers, Einsenders oder Gewährsmanns einer strafbaren Veröffentlichung. Das Zeugnisverweigerungsrecht steht unter einer doppelten Voraussetzung: sachlich ist es beschränkt auf Presseinhaltsdelikte; aus kriminalpolitischen Gründen wird ferner verlangt, daß ein Redakteur wegen der Veröffentlichung bestraft worden ist

---

stimmungen über den politischen und militärischen Nachrichtendienst nach schweizerischem Recht, Diss. Bern 1949, S. 99.

108) Vgl. Solal, Dictionnaire du droit de la presse, 1959, Stichwort „Secret de la défense nationale".

109) Hoge Raad, NJ 1959, Nr. 156.

oder bestraft werden kann[110]). Die praktisch sehr bedeutsame Ergänzung des Zeugnisverweigerungsrechts liegt in dem Beschlagnahmeverbot nach § 97 Abs. 5 StPO, das alle Schriftstücke umfaßt, die sich im Gewahrsam einer zeugnisverweigerungsberechtigten Person befinden. In unserem Zusammenhang ist der im Jahre 1953 eingeführte Schutz der Gewährsleute[111]) entscheidend. Die Presse ist natürlich brennend daran interessiert, ihren Informanten Verschwiegenheit zusichern zu können, denn militärische Staatsgeheimnisse lassen sich nur aus wenigen, schwer zugänglichen Quellen erfahren, deren Anonymität absolut gesichert sein muß, wenn sie nicht sofort versiegen sollen. Die Regierung dagegen muß mit allen Kräften darum bemüht sein, solche Quellen möglichst aufzuspüren und zu verstopfen, zumal die Schwatzhaftigkeit im öffentlichen Dienst unzweifelhaft um sich gegriffen hat. Die Beschlagnahmefreiheit bietet natürlich keinen Schutz für den Redakteur und die Mitglieder seines Betriebes, wenn gegen sie selbst wegen eines Pressedelikts ermittelt wird. Der Schutz der Gewährsleute ist dagegen recht umfassend. Er schließt nämlich nach der herrschenden Auslegung auch diejenigen Straftaten des Gewährsmannes ein, die in der Übergabe der Information an die Presse liegen, sofern diese später in eine Veröffentlichung strafbaren Inhalts eingeht, sodaß der strafprozessuale Schutz also auch dann Platz greift, wenn bereits in der Erteilung der Information ein Landesverrat nach § 100 StGB oder ein Geheimnisbruch nach §§ 353 b oder c StGB zu finden ist[112]). Ich möchte allerdings annehmen, daß der Journalist persönlich wegen der Beschaffung geheimer Informationen auf diesem Wege, sofern er vorsätzlich handelt, von der Strafbarkeit wegen Anstiftung zum Landesverrat oder Geheimnisbruch nicht ausgenommen ist. Der Gewährsmann bleibt jedoch, wenn bei den Ermittlungen gegen den Journalisten selbst — vor allem bei der Durchsuchung des Archivs — etwas über die Quellen herauskommt, strafrechtlich dennoch geschützt, weil insoweit das Bestehen eines Verwertungs-

---

110) Über die zum Teil allerdings eigenartigen Konsequenzen dieser Bedingungen Kohlhaas, Das Zeugnisverweigerungsrecht des Journalisten, NJW 1958, 42 f.; Jagusch a.a.O. S. 179 f.

111) Hierzu Dallinger, Das Dritte Strafrechtsänderungsgesetz, JZ 1953, 436.

112) Kleinknecht-Müller, Kommentar zur StPO, 4. Aufl. 1958, § 53 Anm. 6 (S. 195); Löwe-Rosenberg (Kohlhaas), 21. Aufl. 1962, § 53 Anm. 3 e dd (S. 310).

verbots angenommen wird[113]). Man wird es freilich den verantwortlichen Behörden nicht verwehren können, wenn sie in diesem Falle wenigstens die durch das beschlagnahmte Material kompromittierten Personen in den eigenen Reihen unschädlich machen, mögen auch straf- und disziplinarrechtliche Maßregeln gegen sie wegen des Beweisverbots nicht durchführbar sein. Der Schutz der §§ 53 Abs. 1 Nr. 5 und 97 Abs. 5 StPO greift nur dann nicht ein, wenn es sich um Delikte des Gewährsmanns handelt, die nicht durch die bloße Mitwirkung an der strafbaren Veröffentlichung, sondern durch zusätzliche Tatbestandsmerkmale erfüllt werden, wie z. B. die passive Bestechung[114]). Ich würde ferner so weit gehen, das Verwertungsverbot in bezug auf den Gewährsmann zu verneinen, wenn sich bei den Ermittlungen gegen den Journalisten ergibt, daß die Beschaffung der Information im Wege der Nötigung, Erpressung oder Bestechung stattgefunden hat, weil darin ein Mißbrauch des wegen der öffentlichen Aufgabe der Presse gewährten Privilegs liegen würde.

Eine Erweiterung des Redaktionsgeheimnisses der Presse, von der neuerdings die Rede ist[115]), ließe sich in drei Richtungen ins Auge fassen. Einmal wäre es denkbar, von der Voraussetzung der Bestrafung eines Redakteurs abzugehen; weiter könnte man das Erfordernis einer strafbaren Veröffentlichung fallen lassen; schließlich könnten die erst zur Veröffentlichung bestimmten Mitteilungen einbezogen werden. Die Presse würde damit den anderen, nach § 53 Nr. 1—4 StPO zeugnisverweigerungsberechtigten Personen gleichgestellt werden[116]). Nach meiner Überzeugung, die im Rahmen dieses Vortrags freilich nicht weiter begründet werden kann, geht dieser Vorschlag zu weit. Einmal könnte dann das Zeugnisverweigerungsrecht als Konsequenz der Meinungsfreiheit von jedermann in Anspruch genommen werden, was den Zusammenbruch der Justiz zur Folge hätte. Zum anderen fehlt der Presse die in freien gesellschaftlichen Bildungen nur sehr schwer herzustellende Selbstkontrolle, die die strenge Wahrung der Standesethik gegenüber der Versuchung des Mißbrauchs von so umfassen-

---

113) Löwe-Rosenberg (Kohlhaas), § 97 Anm. 5 c (S. 446).

114) Löwe-Rosenberg (Kohlhaas), § 53 a.a.O.

115) Die hessische Landesregierung hat im Bundesrat den Entwurf eines Gesetzes zur Änderung des § 53 Abs. 1 Nr. 5 u. 6 eingebracht.

116) Dies fordert z. B. Ermacora, Handbuch der Grundfreiheiten und der Menschenrechte, 1963, S. 343.

den Vorrechten sicherstellen würde. Endlich halte ich die bestehenden Einschränkungen des Redaktionsgeheimnisses aber auch sachlich für berechtigt. Pressefreiheit bedeutet nicht Straffreiheit; das Rechtsbewußtsein der Allgemeinheit würde Schaden nehmen und der ethische Gehalt der Pressefreiheit selbst leiden, falls die Informanten auch dann gedeckt werden dürften, wenn niemand aus der Redaktion die Verantwortung für die strafbare Veröffentlichung zu übernehmen bereit ist. Die Beschränkung auf strafbare Veröffentlichungen halte ich zur Sicherung der Pressefreiheit für ausreichend; bei Veröffentlichungen nicht strafbaren Inhalts besteht kein Anlaß, die Gewährsleute zu schützen. Lediglich im dritten Punkte könnte man vielleicht weitergehen als das geltende Recht: das Zeugnisverweigerungsrecht sollte sich auch auf das zur Veröffentlichung bestimmte Material erstrecken, natürlich nur, soweit diese eine strafbare wäre, weil es oft vom Zufall abhängt, ob eine Nachricht schon erschienen ist oder nicht.

Ein Blick auf das ausländische Recht zeigt, daß die Regelung des Redaktionsgeheimnisses im geltenden deutschen Recht jeden Vergleich aushält. Vielfach gibt es einen Schutz der Informanten im ausländischen Strafprozeßrecht überhaupt nicht. Das Redaktionsgeheimnis der Presse wird ausdrücklich verneint in Frankreich[117]), Belgien[118]) und den Niederlanden[119]). In England gibt es das Recht der Presse, die Informationsquelle zu verschweigen, nur im zivilrechtlichen Beleidigungsprozeß[120]); im Strafverfahren wie in einem Verfahren vor einem mit besonderen Vollmachten ausgestatteten Untersuchungsausschuß des Parlaments müssen Journalisten ihre Informationsquellen aufdecken. Im Zusammenhang mit der Spionageaffäre Vasall wurden im Frühjahr 1963 drei Journalisten wegen Mißachtung des Gesetzes (contempt) zu Gefängnisstrafen von drei bis sechs Monaten verurteilt, weil

117) Vgl. Garçon, Code pénal annoté, Nouv. éd. par Rousselet, Patin et Ancel, Paris 1956, Art. 378, Nr. 78; Hugenay, Le secret professionel des journalistes, Revue pénitentiaire et de droit pénal 1924, 2 ff.

118) Répertoire pratique du droit belge, Bd. XII, 1951, Secret professionel, Nr. 7; Cass. belg. 25. 4. 1870, Pasicrisie 70. 1. 226.

119) van Bemmelen, Strafvordering, Leerboek van het Nederlandse Strafprocesrecht, den Haag 1950, 4. Aufl. S. 146 ff.; Hoge Raad v. 14. 12. 1948. NJ 1949, Nr. 95.

120) Letzte einschlägige Entscheidung: Lawson and Harrison v. Odhams Press Ltd., 1949, 1 Qu. B. D. 129 ff.

sie ihre Gewährsleute nicht preisgegeben hatten[121]). Dänemark[122]) und die Schweiz[123]) kennen zwar das Redaktionsgeheimnis bei Presseinhaltsdelikten, doch wird gerade für Straftaten gegen die Staatssicherheit eine Ausnahme gemacht, weil hier das Staatsinteresse der Pressefreiheit vorgehe. In Schweden wird die Anonymität des Gewährsmanns ebenfalls dann nicht gewährleistet, wenn dieser zur Rechenschaft gezogen werden soll, weil er gegen ein Schweigegebot verstoßen oder eine geheime Akte herausgegeben hat[124]). Nur Österreich geht so weit wie das geltende deutsche Recht, und sogar in einem Punkte noch weiter, indem nämlich als Voraussetzung des Zeugnisverweigerungsrechtes nicht verlangt wird, daß ein Redakteur wegen der Straftat verurteilt ist; doch kennt Österreich auf der anderen Seite das praktisch viel wichtigere Beschlagnahmeverbot nicht[125]). Im ganzen besteht für eine Ausdehnung des Redaktionsgeheimnisses über die angeregte Verbesserung hinaus m. E. kein Anlaß.

Ich bin damit am Ende meiner Ausführungen angelangt. Lassen Sie mich zum Schluß die These aufnehmen, die der Hausherr dieses uns hier Gastfreundschaft gewährenden hohen Bundesgerichts in glänzender Weise vor dem Deutschen Juristentag vertreten hat, daß nämlich in der Demokratie die Rechtsordnung Toleranz üben und möglich machen müsse, weil die Begrenzung des Staatsinteresses durch das geistige Prinzip der offenen politischen Auseinandersetzung die Grundbedingung der menschenwürdigen Existenz in einer pluralistischen Gesellschaft darstellt[126]). Ich stimme dem aus vollem Herzen zu und glaube gezeigt zu haben, daß das Strafrecht für den uns hier beschäftigenden Fragenkomplex dieser Forderung im wesentlichen gerecht zu werden vermag, wenn man es

---

[121]) Atty.-Gen. v. Clough (1963) 2 W. L. R. 343; Atty.-Gen. v. Mulholland and Foster (1963) 2 W. L. R. 658.

[122]) Vgl. § 170 Abs. 4 des dänischen Gesetzes über die Rechtspflege i. d. F. des Gesetzes vom 13. April 1938; § 6 Abs. 2 u. § 7 des dänischen Pressegesetzes; Krabbe, Dansk Presseret, 2. Aufl. 1949 S. 127 ff.

[123]) Art. 27 Ziff. 3 Abs. 2 und Ziff. 6 schweiz. StGB; Schwander, Das Schweizerische Strafgesetzbuch, 1952, S. 116 f.

[124]) Pressegesetz, 3. Kap. §§ 1, 2 u. 4; § 1 Abs. 2 i. Verb. m. Kap. 7 § 3. Erik Fahlbeck, Tryckfrihetsrätt 1954, S. 43 ff.

[125]) Vgl. § 45 Pressegesetz von 1922; Swoboda-Hartmann, Kommentar zum Pressegesetz, 2. Aufl. 1953, S. 154 ff., die aber auch darauf hinweisen, daß die Zeitung in der Einrichtung des verantwortlichen Redakteurs „den Bürgen vorweg bestellt hat".

[126]) Werner, Recht und Toleranz, Verhandlungen des 44. DJT, Bd. II, Teil B, 1963.

nur richtig auslegt. Der Schutz der militärischen Staatsgeheimnisse steht einer zum Zwecke der Information des Volkes stattfindenden Erörterung und Kritik der Verteidigungspolitik der Regierung nicht entgegen, weil Landesverteidigung und Pressefreiheit beide durch die Verfassung gewollt sind und durch eine vernünftige Grenzziehung beide in ihrem Bestand gewährleistet werden können. Das geltende materielle Strafrecht ist zwar auf dem Gebiet des Landesverrats in einzelnen Punkten reformbedürftig, aber die erforderlichen Korrekturen — nämlich die gesonderte und mildere Erfassung der öffentlichen Mitteilung von Staatsgeheimnissen — können der großen Strafrechtsreform überlassen bleiben. Die Kritik am geltenden Strafprozeßrecht erscheint dagegen in unserem Zusammenhang nur in einem Nebenpunkte berechtigt, soweit die Frage hier untersucht werden konnte. Der Mangel liegt aber möglicherweise tiefer: man sollte sich im Rahmen der großen Strafprozeßreform die Frage vorlegen, ob die Einführung einer besonderen Verfahrensart für alle die Presse betreffenden Angelegenheiten ins Ausge gefaßt werden kann, wofür manches spricht. Bis zu diesen größeren, nur im Zusammenhang vorzunehmenden Reformen kann nur der Wunsch ausgesprochen werden, daß auch die Handhabung der geltenden Vorschriften in einer Weise stattfinden möge, die es der Presse erlaubt, ihre öffentliche Aufgabe der sachgerechten Information der Bevölkerung zu erfüllen, und es zugleich verhindert, daß die militärische Sicherheit ernstlich gefährdet wird.